플렉시테리언 다이어리

플렉시테리언 다이어리

장우혜

7	시작	
15	결심	
21	채식 종류	
30	달걀	빵 부침
36	치즈	캐슈 치즈 케사디야 / 캐슈 감자 소스 파스타
44	단백질	두부 스크램블 / 베지 로프
54	칼슘	토마토 케일 볶음
62	질문	바다향 두부 감자 부침
72	식당	바르슈츠 / 쥬렉
80	요리	팔라펠 / 허무스 / 풀 / 코샤리 / 피타
92	회사	크루아상 / 마살라 짜이

107	**관계**	밥 타불레 / 들깨 양배추 샐러드
116	**여행**	조미 버섯
124	**다른 여행**	오트밀 / 메밀 팬케이크
137	**김치**	김치 감자볼
150	**된장**	하드 사이더
158	**텃밭**	페스토 파스타
167	**씨앗**	씨앗 샐러드
178	**장보기**	
187	**바느질**	
193	**옷감**	
206	**아나바다**	

214 **이국적 음식과 음식 재료**

220 **미주**

* 이 책의 일부는 〈어느 채식주의자의 고백〉이라는 매거진 제목으로 브런치brunch.co.kr에 게재한 글을 포함한다.
* 내용 이해를 돕기 위해 책 뒤편에 이국적인 음식과 음식 재료 설명을 실었다.

시작

  우리는 어느 날 갑자기 채식을 시작했다.
  남편은 식단과 영양에 대한 의견이 꽤 분명하다. 그는 매 끼니 탄수화물과 단백질 식품, 채소를 고루 쓰되 그중에서도 단백질을 꼭 포함하도록 노력했다. 가끔 두부를 쓰기도 했지만 대부분은 동물 단백질이었다. 하루라도 고기를 먹지 않으면 안 된다고 생각했기 때문이다.

대신 남편은 밥이나 빵은 지나치게 먹지 않으려 했고 국수 요리도 피했다. 스파게티가 맛없어서가 아니라 아무리 먹어도 배가 차는 것 같지 않다고 했다. 그리고 돈에 쪼들리던 대학 시절 손바닥보다 작은 라면으로 끼니를 때웠기에 라면이라면 눈살을 찌푸렸다. 미국에서 나고 자란 남편에게 달걀과 우유, 치즈와 버터, 피자와 햄버거, 그리고 소고기 스테이크는 내가 삼시 세끼 먹던 밥과 김치, 나물과 된장국 같았다. 이런 남편이 채식에 결정적 역할을 하게 될 줄은 우리 둘 다 몰랐다.

나로 말하자면 서울 변두리에서 다섯 남매의 넷째 딸로 태어나, 가끔 불고기 국물에 밥을 적셔 먹기만 해도 좋던 어린 시절을 보냈다. 등산하면 고기 구워준다는 삼촌들 따라 산에 오르고, 사촌 오빠가 입대하기 전 통닭 먹은 게 기억에 남는 걸 보니 고기가 흔한 건 아니었다. 햄버거는 중학교 때 처음 맛보았다. 고등학교 때는 파파이스 핑거 휠레 네댓 조각을 시켜서 친구와 둘이 나눠 먹는 게 별미였다. 많이 먹지 않아도 웃음과 눈물이 넘치던 시절이었고, 그사이 고기는 물론 음식 자체가 흔한 세상이 나를 찾아왔다.

뭘 먹는지보다 많이 먹는 게 중요했던 대학 시절, 나는 점심을 두 번 먹기도 했다. 방금 먹고 나오는 길인데 누군가 "점심은?" 하고 물으면 시치미 떼고 따라가서 또 먹곤 했다. 후배 사랑이 넉넉했던 과 선배들 덕분에 고등학교 때 멈춘 키가 이삼 센티미터쯤 다시 자랐다. 그리고 친구들 생일이 다가오면 아웃백에서 스테이크를 썰고 크림파스타를 돌돌 말아 먹었다. 하지만 아웃백에만 가면 극심한 소화불량으로 고생했기 때문인지, 내가 제일 좋아한 식당은 학교 뒷골목 닭한마리였다. 뜨끈한 방바닥에 둘러앉아서 닭을 골라 먹은 뒤 그 국물에 칼국수를 말아 먹고, 배가 터질 지경이어도 서로를 믿고 볶음밥을 시켜서 나머지 국물까지 뱃속에 저장했다. 닭한마리 식당에서 웬만한 과 행사와 생일잔치를 치렀고 어쩌다 아쉬운 하루를 마무리하곤 했다.

내가 첫 회사에 다니고 있을 때 우리 가족에게 위기가 왔다. 아버지가 암 투병을 하면서 우리 집 식단에 변화가 생겼다. 흰밥에서 현미밥으로, 기름진 고기에서 살코기 위주로 밥상이 바뀌었고, 소금 간은 최소한으로 줄였다. 그 뒤 나는 한동안 고기가 별로 먹고 싶지 않아서 멀리했다. 그러다가 허리가 아파서 운동을 시작했을 땐 삶은 달걀이나 닭가슴살을 일부러 챙겨 먹었고, 언젠가는 한의사 조언 따라 밀가루와 커피를 끊기도 했다. 그렇게 주변에서 좋다는 대로 변덕스럽게 식생활을 해왔다. 아마도 그즈음 음식이 몸에 영향을 끼친다고 생각하기 시작했던 것 같다.

돌아보면 내 주변에는 채식에 연관된 정보가 꽤 있었다. 대학 시절에는 산속 사찰을 즐겨 찾았는데, 어쩌다 공양 때가 맞으면 고기 없다는 불평 없이 산나물비빔밥을 맛있게 먹었다. 졸업 후에는 토끼 모양 꽃빵도 미안하다며 먹지 않는 스님들과 일했다. 그 비슷한 시기에 친구 커플이 온갖 눈총 속에 채식하는 걸 보기도 했다. 외국 여행하며 사귄 친구 중 채식인도 네댓 명 되었다. 그런데 그들 중 누구도 나에게 채식을 권유하지 않았고, 나도 채식하고 싶다는 생각은 한 적이 없다. 채식에 대한 거부감은 없었으나 고기와 우유를 오랫동안 안 먹으면 단백질과 칼슘이 부족할 거란 생각은 했다.

우리 집 책장에 꽂혀있던 『육식의 종말』이라는 책도 내 관심을 끌지 못했다. 무시무시한 제목 때문인지 육식에 문제가 있을 수 있다고 생각했지만, 십여 년 넘게 펼쳐본 적이 없을 만큼 무심했다. 인터넷에서 육식과 환경, 혹은 육식과 동물 권리를 다루는 정보도 때때로 보였지만 그저 스쳐 지나가게 두었다. 적극적으로 채식을 생각할 특별한 동기가 되지 않았고, 왜 육식이 화두인지 알려는 의지도 없었다. 알면 귀찮아질 것 같다는 직감이 들었는지도 모른다.

결혼 후에는 남편이 원하는 대로 매 끼니 동물 단백질이 포함된 식단에 익숙해졌다. '하루 세 번 고기'는 단백질에 대한 강박이라고 느끼면서도, 장 볼 때마다 고기류에 가장 큰 지출을 하는 삶에 젖어 들었다.

그러던 어느 날 한 다큐멘터리를 보게 되었고 우리는 이튿날부터 채식 위주로 먹기 시작했다. 장대한 시작은 아니었다. 그저 한번 해보자는 정도였다. 완벽한 과정도 아니었다. 옛 맛이 너무 그리울 땐 우리가 좋아하던 식당에 가서 남편은 햄버거나 스테이크를 시키고 나는 닭고기나 해산물 요리를 골랐다. 다만 장 볼 때는 동물성 식품을 사지 않는다는 원칙만 지켰다.

그 뒤 다섯 해가 지났다. 그사이 우리는 유럽의 대도시에서 미국 중소도시를 거쳐 로키산맥 언저리의 소도시로 이사했다. 밖에서 먹을 수 있는 음식 가짓수도 눈에 띄게 줄어, 매주 세 번쯤 하던 외식은 한 달에 두어 번이 되었다. 가끔 외식할 때나 누군가 준비해준 음식을 먹을 때를 빼면 우리가 만들어 먹는 음식은 완전 채식이 되었다.

인간의 육식을 부정하는 건 아니다. 사람은 사냥하고 불을 쓸 줄 알며, 질긴 근육이 소화되게끔 요리할 줄도 안다. 생명 유지를 위해 필요하다면 육식할 수 있다. 자연스럽지 못한 건 너무 많이 생산하고 지나치게 먹고 무심하게 버리는 데 있다. 산업국가에서 음식 쓰레기 문제로 골치를 앓는 동안 지구인 열 명 중 한 명이 기아를 겪는 기이한 현상에 있다.

우리는 모두가 충분히 먹고도 남을 곡물을 생산한다. 하지만 생존에 써야 할 식량은 가축 사료가 되고, 다수를 먹여 살리던 땅은 소수를 위한 사료 농업으로 전환된다. 그 결과 많은 이들이 영양실조와 질병에 속수무책으로 당하고, 생계 수단이었던 농지에서 쫓겨난 농민은 도시 빈민으로 전락한다.

공장식 농축산업은 이런 일그러진 시스템을 지탱한다. 생산량 증대 목적으로 항생제와 화학약품을 과도하게 쓰고, 감정을 느끼는 생명은 컨베이어벨트 위에서 돈으로 환산된다. 전문가들은 오래전부터 경고했다. 그들은 땅과 물을 오염하고 지구를 달구는 원인 중 하나로 공장식 축산업을 지목했고, 마구잡이식 어획으로 해양 생물 종이 급속히 사라진다고 말해왔다. 육식을 권하는 풍조와 함께 '풍요의 질병'이라고 불리는 당뇨, 심장병, 암 등이 급증했고, 그로 인한 사회 의료 및 환경 비용은 천문학적으로 늘고 있다. 하지만 이 모든 문제는 생산량 증대와 이윤 추구에 가려져 있다.

흙에서 멀어지고 편리한 구조에 적응할수록 내 소비생활은 생산 과정에서 멀어진다. 직접 키우고 목숨을 끊어 가죽을 벗기지 않는 한, 나는 공장식 사육 시스템과 사료 재배 농업에 일조할 수밖에 없다.

육식을 둘러싼 진실을 들여다보니 고기를 포기할 수 없는 이유가 궁색해졌다. 채식한다고 건강에 이상이 생긴 것도 아니었으니, 내 몸에는 채식이 맞지 않는다는 핑계를 댈 수도 없었다. 지금에서야 드는 생각이지만, 지난 오 년을 돌아보면 우리는 채식하기 유리한 환경에 있었다.

채식을 결심했을 때 우리가 살던 바르샤바에는 채식 식당이 많았다. 집에서 도보로 십여 분 떨어진 거리를 중심으로 완전 채식 식당이 한두 달에 하나씩 생기던 때였다. 게다가 직접 밥 해 먹는 걸 당연하게 여기는 부부가 같은 식단을 선택했으니 식사 준비 부담도 덜했다. 우리 둘 다 가족과 떨어져 사는 것도 오랜 습관을 바꾸는 데 도움이 되었다. 딱히 만나는 친구도 거의 없어 밥 먹으며 눈총 주고받을 일도 적었다. 무엇보다 감사하게도 우리는 시간과 마음의 여유가 있었다.

육식을 멈춰야 할 이유는 자명했고, 채식하지 못할 조건이라곤 내 욕구뿐이었다. 남편은 동료들 앞에서는 지독하게 버텼지만, 나는 욕망에 결정권을 순순히 넘겨주곤 했다. 어쩌다가 눈앞에 고기 요리가 차려지면 웬만해선 맛보길 피하지 못했고, 디저트 카페에서 일하면서 우유와 버터 냄새가 역하다고 느껴지지 않을 때까지 페이스트리를 먹기도 했다.

우리의 채식은 미완성이다. 육식에 한 발을 걸친 어중간한 상태다. 충동적인 육식을 최대한 피하는 남편도 일 년에 한두 번은 스테이크나 소고기 햄버거를 먹고 싶어 한다. 장 볼 때 환경과 사회적 영향이 크다는 걸 알면서도 여전히 아보카도를 사고, 내가 먹을 채소를 키우려고 다른 식물을 무자비하게 뽑는다. 종종 내 몸을 존중하기보다 대체육의 편리함을 누리고 포장 쓰레기는 모른척한다. 또, 양모 스웨터를 선물로 받으면 좀 속상하긴 해도 이미 만들어진 옷이니 그냥 입는다.

이 책은 이런 모순 가득한 삶을 '유연함'이라는 단어로 포장한 9할 채식인의 이야기다.

결심

드디어 영화 〈카우스피라시Cowspiracy〉를 봤다.

몇 달 전 열대우림에 대해 검색하다가 우연히 알게 된 기록영화다. 영화 제목을 카우즈-파이라시cows+piracy라고 읽었더니, 남편이 민망하다는 듯이 웃었다. 남편은 "그게 아니라, 카우-스피라시cow+conspiracy라고 읽는 거 같아."라고 차분히 말해줬다. 음모라는 뜻의 영어 단어에서 알파벳 하나만 바꿔 제목을 짓다니, 기발하기도 하지. 난 예쁜 소들을 이용해서 해적질한다는, 뭐 그런 뜻인 줄 알았네.

남편은 이 영화를 보고 나면 고기를 못 먹는 것 아니냐며 주저했다. 그렇게 두어 달이 지나 해를 넘기고 말았다. 결국, 내가 노트북과 연결된 텔레비전을 켤 줄 모른다는 궁색한 이유로 며칠 징징대자, 남편은 네가 정 나를 끌어들이겠다면 함께 봐주지, 하며 같이 소파에 앉았다.

영화는 예상과 달리 적나라한 고기 생산 과정을 말하지 않았다. 대신 대량 축산업과 낙농업계의 전방위로 펼쳐지는 막강한 로비를 중점적으로 다루었다. 그런데 내가 지지하는 환경단체들이 이 사슬에 연루되어 있어 충격이었다.

이 기록영화가 말하는 몇 가지 불편한 진실을 추리면 다음과 같다.[1]

> 현재 세계는 전 지구인이 먹고 남을 작물을 재배하지만, 생산 곡물의 50%는 가축 사료용으로 쓰고 있고, 매일 약 십억 명이 굶주린다.
>
> 유축농업animal agriculture이 배출하는 온난화 가스는 자동차, 트럭, 기차, 배, 비행기가 뿜는 양을 합한 것보다 많다.
>
> 대량 축산업과 낙농업은 지구온난화와 수자원 고갈, 삼림 파괴, 생물 종 감소, 해양 산소 부족의 주범이다.
>
> 현대 어획의 주요 시스템인 거대 어망으로 생선 1kg을

얻으려면 그보다 다섯 배 많은 다양한 해양 생물(고래, 돌고래, 상어, 바다거북 등)이 그물에 함께 걸려서 죽는다.

하지만 관련 기업의 후원을 받는 환경단체들은 이를 모른 척하고 있다.

육류, 생선, 해산물, 달걀, 우유를 먹지 않아도 건강에 문제가 없다.

영화가 끝난 뒤 남편이 말했다.

우리 한번 고기 없이 지내보자!

나는 당황했다. 고기랑 치즈를 좋아하는 사람이 한 말이라서 그렇기도 했고, 우리가 오래 지킬 수 있는 결심 같지도 않았다. 나는 그동안 환경 문제에 대한 정보를 접할 때마다 내 삶에 변화가 필요하다고 느끼긴 했다. 대수롭지 않게 물을 흘려보내는 걸 불편하게 생각하고 분리수거를 꼼꼼히 했다. 그 이상 뭘 할 수 있을지 몰랐고 알려고 하지도 않았다. 사실 습관을 고치는 건 번거롭다는 생각이 먼저 들었다. 뭘 그렇게까지야 하는 마음으로 깊이 생각하길 멈췄다. 하지만 남편은 달랐다. 고기를 끊어 보자는 말을 입 밖에 내다니! 그래도 나는 여전히 나를 (사실 남편도) 믿을 수 없어서 살짝 발을 빼 보았다.

왜 그래? 그러려고 이 영화 보자고 한 거 아니야.

당장 내일부터 하자!

나는 내심 좋았지만 내가 너무 원하는 티를 내면 남편의 사기가 떨어질지도 모른다는 직감이 들었다.

진정해. 하더라도 조금씩 천천히 하든가 해야지, 먹던 걸 갑자기 끊자고 하면 어떡해?

그냥 고기랑 유제품 없이 내가 얼마나 견딜 수 있는지 알고 싶어.

진심이야?

응. 동물성 식품을 끊을 수 있을지 없을지는 한번 해 봐야 알지.

알겠어. 그럼 내일은 두부 넣고 된장국 끓일게!

그렇게 간단히 우리는 채식으로 돌아섰다.

남편과 내가 이런 결심을 하는 데는 이 기록영화에 등장하는 햄버거 사례로 충분했다. 햄버거 하나를 만드는 데 들어가는 물의 양(소와 소먹이 생산에 드는 모든 물)이 두 달 동안 샤워할 수 있는 양과 맞먹는다니! 이 진실은 양치하고 샤워하고 설거지하면서 절약한 물보다 어마어마하게 많은 양의 물을 확실하게 아낄 방법을 알려주었다.

그때가 밤 10시. 냉장고 문을 열었다. 냉장실에는 칠면조고기 두 덩어리, 다진 소고기 한 주먹, 소시지 두 개가 있었다. 모두 냉동실에 넣었다. 언젠가 우리가 먹을지 다른 사람에게 줄지 아니면 버릴지 결정은 미루기로 했다. 냉동실에는 한국에서 가져온 멸치가 한 봉지 있었다. 많이 짜지 않아서 그대로 먹어도 좋은 남해 멸치였다. 부모님이 손수 다듬어 주신 멸치를 감히 버릴 수는 없었으니 애들도 그대로 냉동실에 두었다. 작은 새우젓 병도 냉장고에 있던 자리에 두었다. 달걀은 다 먹고 남은 게 없었고, 우유는 남편이 한 잔 따라 마시고 아주 약간만 남겼다. 이튿날 아침에 마지막으로 우유 넣은 커피를 마시겠다고 했다. 그리고 남편은 조금 남아있던 치즈를 식빵 위에 얹어 먹으면서 채식에 관한 책을 검색했다. 잘 알아야 이겨낼 수 있다면서 그날 밤 책 한 권을 주문했다.

 우리는 고기 맛을 좋아한다. 맛있으니 그걸로 충분하다. 고기가 밥상까지 오르는 과정을 몰라도 고기 먹는 데 아무 문제 없다. 슈퍼마켓에서 돈만 내면 되니까. 우리가 먹는 삼겹살과 구제역으로 매몰당하는 돼지는 좀처럼 연결되지 않았다. 병들었다고 산 채로 자루에 갇힌 닭들도 너무 불쌍하다고 생각했다. 그렇지만 매해 그런 일이 벌어지기 때문일까? 아니면 텔레비전 화면으로 보았기 때문일까? 꿈틀대는 자루가 구덩이에 던져지는 걸 보면서도, 언제 다시 안심하고 통닭을 먹을 수 있을까 안달했다.
 그런데 한 편의 기록영화가 우리 무관심에 돌을 던졌다. 이

영화는 대량 축산업과 낙농업, 수산업이 엄청난 자원과 에너지, 그리고 생명을 소모한다고 말한다. 하지만 환경단체들조차 고기와 생선, 유제품의 지나친 생산과 소비를 말하기 꺼릴 만큼 이 산업구조는 우리 사회에 강력한 힘을 행사한다. 그렇다면 이 비효율적인 구조에 제동을 걸 수 있는 믿을 만한 존재는 누구일까?

몇 년에 한 번 있는 선거의 한 표보다 매일 쓰는 돈이 현실을 움직이는 데 강력한 힘이 될 수 있다.[2]

와타나베 이타루, 『시골빵집에서 자본론을 굽다』, 더숲.

그렇다. 쥐꼬리만 하더라도 나는 돈을 쥐고 있고, 그 돈을 매일 쓰면서 무심코 어떤 기업을 지지한다. 나는 하루 세끼만큼의 영향력을 행사할 수 있는 사람이다. 그렇다면 사회, 윤리, 환경적으로 올바르게 운영되는 일에 내 힘을 보태고 싶었다. 숨이 붙어 있는 한 나는 지구에 의지해야 하니까. 땅과 물, 공기의 자연스러운 순환을 거스르지 않고 기른 음식을 선택할 수 있다면 그렇게 하고 싶었다.

채식 종류

 채식을 시작한 지 6주째.

 독일에 사는 라라가 놀러 왔다. 십 대에 채식을 시작한 라라는 내 새로운 결심을 듣자, 마치 내가 자기 옆집으로 이사라도 간 것처럼 기뻐했다.

 우리를 채식의 길로 이끈 영화를 라라에게도 보여줬다. 우리가 그랬듯 라라의 심기도 불편했다. 그런데 이유가 달랐다. 남편과 나는 영화 제작자 의도대로 대형 축산업의 로비로 침묵하는 정치권과 환경시민단체에 분기했다. 그런데 라라는 제작자의 날카로운 질문에 답을 회피하고 눈동자가 흔들리며, 때로는 굳은 얼굴로 입을 닫는 관련자들의 얼굴이 화면에 그대로 노출된 데 충격을 받았다고 한다. 나는 모자이크 처리도 없는 신변 노출에 설마 당사자 동의가 없었겠어, 하고 생각했다. 그리고 이 와중에 이치를 따질 수 있는 독일인의 이성을 본 것 같아 움찔했다.

우리가 만날 때면 내가 라라를 배려해서 식당을 택하곤 했는데, 이제 상황이 바뀌었다. 라라는 달걀과 우유, 치즈, 버터를 먹지만, 나는 동물의 알이나 유제품까지 먹지 않기로 했기 때문이다. 일반 식당에서 밥을 먹자면 나보다 라라의 선택권이 넓다. 우리는 한 식당에 자리를 잡고 메뉴판을 짚으며 재료를 따져보고 있었다. 그때 라라가 옆에서 기다리는 직원에게 이렇게 말했다.
 이 친구가 비건이거든요.
 국면 전환에 마음이 들뜨기도 했고, 한편으로는 나를 배려한다고 그렇게 말한 것 같았다. 하지만 나는 창피했다. 누군가 그 말을 들었다면 왠지 나를 돌아볼 것 같았고, 혹시 눈이 마주치면 뭐라고 해명해야 할 것 같았다. 왜냐면 나는 완벽한 채식인이 아니기 때문이다.

　채식을 결심하고 냉장고에 남아있던 고깃덩이를 냉동실에 넣었다. 먹을 수 있는 걸 버릴 순 없으니까. 그리고 반년이 지나 이사를 앞둔 어느 날에서야 다시 꺼냈다. 이걸 어쩌지? 어쩌긴. 칠면조야 우리가 언제 또 널 만나겠니, 하면서 마늘 듬뿍 넣고 푹 고아서 잘 먹었다.

　그때 먹은 칠면조와 소시지가 첫 외도는 아니었다. 카페에서 주문할 때 깜박하는 바람에 우유 넣은 커피를 여러 번 마셔야 했다. 남편과 내가 좋아해 마지않는 크루아상을 야금거리며 어떻게 비건 크루아상을 만들 수 있을지 가볍게 토론하기도 했다. 여행 중에는 비건 식당을 찾아 헤매면서 서로에게 신경질 부리다가, 우리 이러지 말고 뭐라도 먹고 보자며 맥도날드 햄버거를 우적거렸다. 그리고 서너 달에 한 번은 설레는 마음으로 우리가 좋아하는 식당에 가서 고기 요리를 먹었다.

　채식을 결심한 뒤로 완전히 달라진 것은, 우리 집 장보기 목록에 육류와 해물, 그 가공품 및 달걀, 유제품 같은 동물성 식품이 없다는 사실이다. 우리 부부에겐 큰 변화였다. 일터에 점심 도시락을 싸서 다니고 외식은 일주일에 두세 번 정도 하기에 집에서 하는 식사가 큰 비중을 차지하기 때문이다. 그날 그 결심 뒤 우리 집 부엌은 생선, 고기, 달걀, 우유, 치즈가 없는 공간이 되었다.

 채식을 기본으로 하지만 가끔 육식도 하다 보니 내 채식의 정체성을 묻는 사람들이 있다.
 뭐야! 듣고 보니 너는 비건이 아니네? 그럼 뭐라고 하는 건데?
 글쎄. 거의 비건? 아니면 노력하는 비건?
 내가 어떤 유형의 식생활을 하는 사람인지 굳이 이름을 붙일 필요는 없다. 그래도 이쯤에서 아리송한 채식인 용어를 알고 넘어가야겠다.

프룻테리언 Fruitarian
동물과 식물을 죽이지 않고 채취할 수 있는 열매(과일/씨앗/견과류 등)만 먹는다.

비건 Vegan
육류, 생선, 해산물, 달걀, 우유, 유제품에 더해 벌이 만드는 꿀도 먹지 않는 완전 채식인을 말한다.

락토 베지테리언 Lacto Vegetarian
우유와 유제품(치즈/버터/크림/요구르트)을 허용한다.

오보 베지테리언 Ovo Vegetarian
달걀 같은 동물의 알을 섭취한다. (ovo는 라틴어로 '알'을 뜻한다.)

락토 오보 베지테리언 Lacto-Ovo Vegetarian
우유, 유제품, 달걀을 먹는 채식인으로, 보통 서양에서 말하는 베지테리언이 이에 속한다.

페스코 베지테리언 Pesco-Vegetarian / Pescetarian
우유, 유제품, 달걀에 더해 생선과 해산물도 먹는다.

폴로 베지테리언 Pollo-Vegetarian
우유, 유제품, 달걀, 어류, 조류(닭/오리/칠면조고기 등)까지 허용하되, 붉은 살코기는 먹지 않는다.

그밖에 다음 용어들도 자주 회자한다.

옴니보어 Omnivore
육류와 채소를 골고루 먹는다.

플렉시테리언 Flexitarian
기본적으로 채식을 하지만, 개인적 욕구나 사회적 상황에 따라 육식을 한다.

생채식 Raw Veganism
가공하지 않은 자연 그대로 식물성 식품만 섭취한다. 낮은 온도(섭씨 40~49도)에서 익힌 음식까지 허용한다.

장수식 Macrobiotic Diet
지역에서 유기농법으로 기른 제철 음식과 가공하지 않은 음식, 식물성 음식 섭취를 권장한다. 식물의 씨앗부터, 뿌리, 줄기, 잎, 열매, 껍질까지 모두 먹는다. 음양 조화를 따져 식자재와 조리법, 조리 도구, 식기를 택하고, 무엇보다 몸이 원하는 소리에 귀 기울인다. 선택적으로 생선이나 해산물을 먹는다.

이렇게 정리하고 보니 남편과 나는 플렉시테리언에 가까운 것 같다. 가끔 상황이 여의치 않을 때나 개인적 욕구에 맞춰 육식하기 때문이다. 그렇지만 워낙 생소한 단어라 써 본 적은 없다. 식습관을 말할 기회가 있다면, 처음에는 '거의 비건'이라고 말했고 한동안은 고기를 잘 먹지 않는다고 표현하기도 했다. 게다가 작년부터 남편이 뒤뜰에서 양봉을 시작해 약간의 꿀을 얻어먹는다. 이런 우리가 비건이라고 하면 꿀도 먹지 않는 엄격한 채식인들이 불편할지 모른다. 그러니 유연한 채식이나 선택적 육식이라는 말이 적당할 것 같다.

우리 식사 습관을 뭐라고 부르든 상관없다. 잦으면 한 달에 한두 번, 어떨 땐 칠팔 개월 만에 하는 육식으로 우리의 식생활은 무리 없이 돌아간다. 가능한 환경 영향을 줄이는 소비생활을 유지하면서 육식하는 다른 가족이나 사회적 관계에 유연하게 대처하기 위해 찾은 방법이고 우리는 만족한다.

신기하게도 지난 오 년 동안 채식을 포기하고 싶었던 적은 없다. 언제든 원하면 고기를 먹기로 마음먹었기 때문에 못 먹어서 괴롭거나 간절함이 덜 했던 것 같다. 혹시 밖에서 외도가 있어도 집에 돌아오면 흔쾌히 채식 식단을 고수했다. 육식하면 마음이 불편하기도 하고, 우유나 고기의 냄새, 또는 그 맛이 좋지 않은 이유도 있다.

앞일이야 알 수 없지만, 가능하면 지금처럼 피보다 흙에 기대어 살고 싶다. 이제 우리는 흙에서 기른 재료로 만든 음식의 신선하고 알찬 맛을 알아버렸고, 그것만으로도 충만하게 살 수 있다는 걸 배웠기 때문이다.

 덧붙이자면, 우리 부엌이 '생선, 고기, 달걀, 유제품이 없는 공간'이라는 말은 사실 거짓이다. 우리랑 사는 고양이 도미노는 고기를 먹는다. 말이 나온 김에 도미노의 식단을 좀 이야기해 볼까?
 예전에 도미노는 닭고기부터 참치까지 고루 먹는, 남 부러운 것 없는 고양이였다. 그런데 언젠가부터 아랫배 쪽 털이 죄다 빠지기 시작했고, 수의사 권고대로 고기 종류를 조절하면서 아홉 살 도미노에게 맞는 식단을 찾아야 했다. 이제 열세 살이 된 도미노는 칠면조고기와 오리고기로 만든 먹이만 먹는다. 가끔 도미노가 접시를 깨끗이 비우지 않으면, 미역 곁들인 참치통조림이 그리운 건가, 하는 생각이 든다. 그래도 털이 빠지며 피부가 가려워 배를 핥는 일은 사라졌으니, 우리로서는 그나마 다행으로 여긴다.
 하루 두 번 도미노 밥을 준비할 때면 고기 냄새가 비리다. 그렇다고 그 무구한 눈망울을 바라보면서 이러저러하다는데 너도 채식할래, 하고 물어보진 않았다. 의지를 갖고 생명을 쥐락펴락하면서 지구를 괴롭히는 동물이 있다면 그건 오직 인간일

뿐이다. 그러니 우리가 고쳐야지. 도미노 너는 본능대로 살아라! 다만, 생쥐 갖고 노는 건 제발 좀 안 하면 안 되겠냐옹?

달걀

채식해서 좋은 점을 적어 보았다.

새로운 음식 재료를 배우고 이국적인 맛을 누리는 재미가 있다.
다양한 나물과 발효 음식으로 이뤄진 한식 세계에 새삼 감동한다.
몸이 가볍고 오후 졸음이 사라진다.
감기에 덜 걸리고 걸려도 가볍게 넘어간다.

남편의 경우 두통과 식은땀이 크게 줄었다.

고기나 생선을 만지지 않아도 된다.

도마와 싱크대가 훨씬 깨끗한 것만 같다.

수채통 악취가 사라지고 음식물 쓰레기 관리가 수월하다.

내 한 끼를 위해 동물 한 마리를 죽이지 않았다는 사실이 기쁘다.

그렇다면 채식해서 나쁜 점은?

외식할 때 식당과 음식 종류가 제한적이다.

도마와 싱크대가 별로 더럽지 않은 것 같아서 대충 닦는다.

가끔 유제품이 든 빵이나 케이크를 먹고 나면 방귀 냄새가 지독하다.

채식 초반 금단 증세가 있다.

그렇다. 항상 먹던 것들을 갑자기 끊자 몸이 안달하게 되었다. 아침에 일어나면 달걀부침이나 베이컨이, 점심에는 햄버거나 자장면이, 저녁에는 갈치구이나 뚝배기 불고기가, 밤에는 양념 통닭이 생각났다. 그중에서도 우리가 가장 먹고 싶었던 음식이 무엇이었을까? 우유는 간단히 두유로 대체할 수 있었다. 소시지와 베이컨은 암 유발 식품이라니 포기가 쉬운 편이었다. 이런저런 고기 종류나 해산물을 제치고 나를 가장 괴롭힌 식품은 달걀이었고, 남편에게는 치즈였다.

달걀은 이런저런 음식에 두루 쓰는 재료다. 이것만 넣으면 빵과 케이크 맛이 마법처럼 부드러워지니 제과제빵에도 빠지지 않는다. 달걀은 대부분 식구에게 타박받지 않는 반찬이 되고, 딱히 뭘 요리할지 모를 때 달걀만 있으면 식사 준비가 수월해진다. 그래서 달걀은 우리 식탁과 떼놓고 생각하기가 힘든 것 같다.

샛노랗고 물컹한 노른자가 숟가락 안으로 주룩 흘러드는 달걀부침, 새우젓 냄새가 살짝 풍기는 야들야들한 달걀찜, 색이 고와 밥상을 살리고 아기 엄마들도 살리는 달걀말이, 미리 준비해 놓으면 출출할 때 한 개씩 까먹기 좋은 삶은 달걀, 부글부글 끓을 때 이것 한 알만 깨 넣으면 영양까지 확보한 것 같아서 내 몸에 덜 미안해지는 라면, 달걀 풀어 넣은 볶음밥, 오므라이스, 프렌치토스트….

아! 도대체 달걀 없이 어떻게 살란 말인가! 채식을 처음 시작했을 때 나는 달걀을 중독 식품으로 구분해야 한다고 생각할 정도였다.

그런데 우리들의 달걀 사랑을 이해하는 어떤 이들이 달걀 대체품을 만들었다. 해조류로 만든 이 가루 식품은 물과 섞으면 엉겨 붙어서 달걀과 비슷해진다고 한다. '이런저런 첨가물을 넣어 가공한' 가짜 달걀 식품과 '서로 공격하지 말라고 주둥이가 잘리고, 평생 A4 종이만 한 공간에서 알만 낳다가 결국 도살

되는 닭이 낳은, 거의 완전식품으로 알려진' 달걀 중에서 뭐가 더 좋고 나쁜지는 모르겠다. 다행인지 불행인지 우리는 이런 달걀 대체품이 있는 줄 몰랐고, 금단 증상을 해결하기 위해 다른 탈출구에 매진했다.

인터넷으로 찾아보니 달걀을 흉내 낸 채식 요리가 꽤 있었다. 프렌치토스트가 먹고 싶을 땐 강황 가루를 조금 섞은 두유에 빵을 적셔서 부쳐 먹는다. 여기에 치즈와 비슷한 발효 맛을 내는 영양 효모를 넣으면 맛이 더욱 그럴듯하다. 몽글몽글한 에그 스크램블이 아른거리는 아침에는 두부 스크램블을 시도한다. 으깬 두부에 강황 가루나 영양 효모로 맛과 색을 내는데, 여기에 토마토를 썰어서 함께 볶고, 구운 빵 위에 얹으면 색깔도 살고 맛도 더 좋다. 병아리콩을 튀겨 만든 팔라펠을 라면에 넣으면 얼핏 달걀 푼 라면 맛이 나기도 한다.

부침개 반죽에 달걀을 넣지 않고 밀가루나 메밀가루, 부침가루만 써도 잘 부쳐진다. 단백질 함량이 높은 메밀가루로 전이나 팬케이크를 만들면 음식 질감과 향이 훨씬 좋고 배도 든든하다. 엄마는 만두 속에 달걀이 빠지면 잘 엉기지 않는다고 일러주시곤 했는데, 국물 쫙 뺀 김치를 송송 썰고 으깬 두부에 숙주나 부추 등으로 버무리면 만두 속으로서 문제없다. 만두피 반죽에 달걀을 넣지 않아도 만두 모양이 잘만 나옴은 물론이다.

달걀 없이 제과제빵도 가능하다. 연두부나 바나나, 애플소스를 이용하면 브라우니 같은 걸쭉한 반죽을 만들 수 있다. 베이킹소다와 레몬, 식초는 케이크의 부푼 질감을 살려준다. 각종 요리에서 달걀 대체품으로 전분과 아마 씨 가루도 써 볼 만하다. 특히 아마 씨는 엉기는 성질이 강하고 고소한 맛이 있어 케이크를 만들 때 유용하고, 만두 속에 넣으면 다른 재료의 수분을 잡는 역할도 한다.

채식을 시작하고 첫 몇 달은 영양 효모와 강황 가루로 달걀 요리를 흉내 내보았다. 이제는 일부러 이런 음식을 만들어 먹을 일이 없다. 달걀을 사지 않으니 요리할 수 없게 되고, 보지 않고 먹지 않다 보니 생각하지 않게 되었다. 채식하고 두세 달이 지나자 공황 상태가 가라앉았고, 달걀 없는 밥상을 받아들이기 시작했다.

지금도 김이 모락모락 나는 달걀말이를 보면 맛있겠다는 말이 절로 나온다. 하지만 그뿐이다. 달걀말이 몇 조각으로 얻는 혀의 즐거움보다 닭장에 갇힌 닭에 의존하지 않는 식생활에서 오는 만족감이 훨씬 크다. 2017년 달걀 파동으로 가정이고 식당이고 슈퍼마켓이고 온 나라가 난리였을 때 내가 얼마나 태연했든가 생각하면 뿌듯할 정도다.

빵 부침

달걀과 우유 반죽에 빵을 적셔서 구워 먹는 음식을 프렌치토스트라고 한다. 하지만 그 이름에 익숙해진 건 남편을 만난 뒤다. 아마도 친정 가족은 여전히 '출출한데, 빵 부쳐 먹을까?'라고 말할 것 같다. 요즘에는 가끔 여유가 있을 때 식물성 우유와 영양 효모로 프렌치토스트를 만들어 먹는다. 물론 달걀옷을 입혀서 기름에 부친 맛과는 다르다. 처음에는 달걀 요리를 흉내 내느라 시작했지만, 이제는 계피 향이 나는 달콤하고 바삭한 맛이 좋아서 만들어 먹는다. 예전에 먹던 것과 맛은 달라도 생김새는 얼추 비슷하다. 그래서일까? 빵 부침을 먹을 때면 엄마 부엌이 떠오른다. 빵 부침 십여 개를 수북이 쌓은, 엄마가 즐겨 쓰던 넓고 가벼운 접시가 생각나고, 언니 동생과 서로 더 먹겠다고 달려들던 시절이 눈앞을 스친다.

재료 [2인분]

식빵 4~6조각
식용유

[묽은 반죽 재료]
식물성 우유 1/2컵
전분 가루 2큰술
영양 효모 2큰술
조청 1큰술
계핏가루 1작은술

만들기

1 오목하고 넓은 그릇에 반죽 재료를 모두 넣고 가루가 뭉치지 않게 잘 섞어준다. 취향에 따라 소금을 넣는다.

2 중간 불에서 팬을 달군 다음 기름을 두른다.

3 식빵에 반죽을 묻히고 팬에 올려서 노릇해지도록 양쪽 면을 굽는다.

4 구운 식빵은 간단한 샐러드나 견과류, 과일, 조청, 잼 등과 어울려 대접한다.

* 반죽에 육두구 가루나 올스파이스 가루를 조금 넣어도 풍미가 좋다.

* 조청은 메이플시럽으로, 영양 효모는 튀김가루나 굵은 옥수숫가루 등으로 대신할 수 있다.

치즈

나에게 치즈는 기호식품이다.

내가 치즈 맛에 눈을 뜬 건 이십 대 전후, 열에 녹은 치즈 맛을 본 뒤부터다. 피자가 맛있긴 하지만 가끔 먹는 음식이니, 없으면 안 먹으면 된다.

그런데 남편은 미국인이다. 내 멋대로 과장하자면 그의 반은 치즈가 길렀다고 할 수 있다. 채식을 결심하고 앞으로의 식사를 생각하면서 남편의 생각이 치즈에 닿았을 때. 그러니까 스테이크 없는 주말과 돼지고기 빠진 보쌈이나 불고기 없는 한식에 더해, 추수감사절의 꽃 칠면조고기마저 힘겹게 양보한 뒤 그의 상상이 '치즈 없는 피자'에 닿았을 때, 남편의 얼굴은 막막함이 겹친 사색 상태였다.

모차렐라 치즈가 늘어지지 않는 피자, 체더 치즈가 녹아내리지 않은 햄버거, 치즈 토핑을 올리지 않은 타코, 새하얀 사워크림과 치즈가 빠진 부리토…. 말이 되냐 말이다!

남편은 공공의 이익만큼 자기 행복도 중요한 사람이다. 그는 채식도 치즈도 포기하지 않았다. 이 문제는 비건 치즈로 비교적 간단히 해결되었다. 미국에서 제법 큰 슈퍼마켓에 가면 식물성 가공식품을 찾기 쉽다. 인구 육만이 좀 넘는 우리 동네 슈퍼마켓도 마찬가지다. 과자와 우유, 치즈, 아이스크림, 냉동고기 판매대마다 완전 식물성 제품이 한두 열을 차지한다. 우리는 이런 가공식품으로 채식 식당 하나 없는 이곳에서 때때로 외식하는 분위기를 낸다.

비건 버터, 비건 치즈, 비건 버거 패티 같은 가공품을 건강식품이라고 할 순 없다. 식물성 재료로 만든 치즈나 마요네즈는 콜레스테롤을 함유하지 않지만, 지방 성분이 높고 유통과 보존을 위해 화학 첨가물을 쓸 수밖에 없다. 비건 버거 패티나 소시지는 그것만 먹기엔 너무 짤 정도로 나트륨 함량이 높기도 하다.

흙에서 거둔 제철 음식만 한 건 없다. 하지만 예전 입맛을 갑자기 바꾸기 힘들거나 부엌일에서 쉬고 싶을 때 가공식품은 구원자나 다름없다. 채식 결심은 마음이 했을 뿐 편리함은 아직 포기하지 못했다. 새로운 재료와 요리법으로 예전에 먹던 요리를 흉내 내고, 때로는 대체육으로 간단히 입을 달래면서 동물성 식품이 제외된 삶에 익숙해진다.

그런데 소젖 없이 어떻게 유제품과 흡사한 맛과 모양을 내는 걸까? 시중의 비건 치즈는 전분과 식물성 기름이 주재료다. 지금 우리 집 냉동실에 있는 비건 모차렐라 치즈의 재료를 보면, 완두콩 단백질과 감자 단백질, 전분, 식물성 기름 등을 주재료로 썼다. 일반 치즈처럼 길게 늘어지는 끈기는 덜 하지만 맛과 냄새는 흡사하다. 물론 우유 특유의 비린내는 없다. 우리는 가끔 피자나 라자냐를 만들 때 이 가짜 치즈를 쓴다.

살펴보는 김에 비건 마요네즈도 한번 볼까? 비건 마요네즈는 식물성 기름과 식초, 소금, 설탕, 물, 약간의 전분과 레몬즙 등으로 만든다. 우리는 채식 초기 양배추 샐러드나 감자 샐러드 등 샐러드드레싱을 만들 때 시중에 파는 비건 마요네즈를 썼다. 요즘에는 들깻가루나 타히니가 있어 마요네즈가 필요 없다. 들깻가루에 레몬즙이나 식물성 우유, 식초, 조청 등을 걸쭉하게 섞으면 마요네즈 대용으로 손색없고, 맛은 훨씬 좋다. 중동 지역에서 널리 쓰는 참깨 페이스트 타히니도 두유나 코코넛우유, 레몬즙, 식초, 조청, 허브류를 섞어 마요네즈 대신 쓸 수 있다.

  채식을 시작하고 한동안은 비건 치즈를 구하기 어려웠기에 남편은 직접 만들었다. 집에서 만드는 비건 치즈의 주재료는 아몬드나 코코넛 우유 같은 식물성 우유와 캐슈너트, 가지 속처럼 부드러운 식물성 식품이다. 여기에 영양 효모로 발효 맛을 내고, 큐민이나 고운 고춧가루, 파프리카 가루 등으로 노란 치즈 색깔을 낸다. 물컹하면서 탱탱한 질감은 전분과 한천으로, 치즈 향은 약간의 낫토나 된장으로 살린다. 이렇게 만든 비건 치즈는 작은 용기에 담아 냉장고에 넣었다가 굳으면 진짜 치즈처럼 잘라서 쓰고, 얼려서 강판에 갈 수도 있다.

  요즘에는 만들자마자 바로 쓸 수 있고 맛도 좋은 간단한 요리법을 즐겨 쓴다. 캐슈너트와 영양 효모, 전분, 마늘, 식초, 소금을 믹서에 갈고 잠깐 익히면 걸쭉한 모차렐라 치즈와 비슷해진다. 물론 발효한 원조 치즈와 맛은 다르다. 소젖으로 만든 치즈 맛을 좋아했던 과거의 나에게 미안하지만, 이 캐슈 치즈는 정통 치즈와 비교할 수 없는 풍미를 가진다. 캐슈너트가 고소한 맛과 부드러운 질감을 내면서 든든함까지 챙겨주고, 진짜 치즈만큼은 아니어도 살짝 늘어나는 모양도 그럴듯하다.

캐슈 치즈 케사디야

케사디야는 토르티야에 치즈를 올리고 반으로 접어 구운 간단한 멕시코 요리다. 기본 재료인 치즈에 간 고기, 채소, 향신료 등을 추가해 가벼운 식사나 간식, 술안주로 먹는다. 치즈가 기본 재료이니 채식을 시작했을 때, 이제 케사디야는 못 먹겠구나 싶었다. 케사디야뿐이랴. 피자, 버거, 핫도그, 케이크, 크루아상, 크림스파게티 등등 모두 안녕인 줄만 알았다. 그런데 아니올시다. 똑같진 않아도 비슷하게 맛을 내는 방법이 다 있었고, 흉내에 그치지 않고 저마다 맛도 좋다. 그럼 캐슈 치즈로 케사디야를 만들어 볼까?

재료

토르티야 2장

[캐슈 치즈 재료]
물 1컵
캐슈너트 1/2컵
타피오카 전분 4큰술
영양 효모 1큰술
마늘 2쪽
소금 1/2작은술
식초나 레몬즙 1작은술

만들기

1 30분 정도 물에 담가 부드럽게 한 캐슈너트와 모든 재료를 믹서에 넣고 덩어리가 없도록 곱게 간다.

2 1을 냄비에 넣고 중간 불에서 끓이되 눌어붙지 않도록 계속 저어준다. 4~5분 정도 지나 재료가 서로 엉겨 붙기 시작하면, 불을 약하게 줄이고 2~3분 정도 더 저어준 다음 불을 끈다. 한 김 식힌다.

3 캐슈 치즈 3~4큰술을 토르티야 반쪽에 펴 바른 뒤 다른 반쪽을 접어 올리고, 중간 불에서 달군 팬에 올려 양쪽 면이 노릇해지도록 굽는다.

* 타피오카 전분 양을 3큰술로 줄이고 한천 가루 1작은술을 추가하면, 늘어지는 질감은 덜하나 재료가 더 잘 엉기고 탄력이 생긴다.

* 3에 버섯/양파/가지/애호박/토마토/파/고수/파슬리/쑥갓 등을 얇게 썰어 얹어도 좋다.

* 캐슈 치즈는 샐러드/샌드위치/햄버거/피자/떡볶이 등에 활용한다.

* 믹서에 갈 때 물은 반 컵만 넣고, 나중에 내용물을 냄비에 덜고 나서 나머지 물로 믹서를 헹구면 재료를 알뜰하게 쓸 수 있다.

캐슈 감자 소스 파스타

한국 아이들의 일요일에 짜파게티가 있다면, 미국 어린이들의 방과 후는 마카로니 앤드 치즈가 책임진다. 마카로니 앤드 치즈는 치즈, 우유, 버터, 밀가루를 섞어 만든 소스에 마카로니를 버무린 국수 요리다. 완전 채식을 한다면 먹을 수 없는 요리지만, 어릴 때부터 이 맛에 길러진 영미권 채식인들은 포기하지 않았다.

그들은 지방 함량이 높은 캐슈너트와 영양 효모로 치즈 맛과 질감을 간단히 흉내 냈다. 여기에 감자와 당근, 양파, 마늘까지 활용해 소스를 만드니 풍미도 좋고 영양 면에서도 훨씬 낫다. 비록 시작은 모방이었지만 그 맛은 원조 요리에 뒤지지 않는다. 영양 효모의 독특한 향이 입맛을 돋우고, 감자와 캐슈너트는 입안을 차지게 감돌며 기분 좋은 포만감을 준다. 걸쭉한 소스를 만들기 위해서 견과와 뿌리채소를 이용한 아이디어가 독창적이다. 일찍이 채식 대로를 닦아준 선배 채식인들에게 감사를 전하며, 오늘 저녁은 비건 마카로니 앤드 치즈!

재료 [4인분]

파스타 4인분 (약 80g/1인)
감자 큰 것 1개
양파 큰 것 1/3개
당근 1/2개
마늘 3~4쪽

캐슈너트 1/2컵
영양 효모 3큰술
소금 1작은술
강황 가루 1/2작은술
식초 1/2큰술

(선택)
매운 고추 1/2개

만들기

1 냄비에 감자/양파/당근/마늘/고추와 물(재료가 2/3쯤 잠길 양)을 넣고 재료가 모두 익을 때까지 삶는다. 채소를 작게 썰면 익히는 시간을 줄일 수 있다.

2 채소가 익는 동안 캐슈너트는 두어 번 헹궈 물에 담가 놓고, 파스타는 조리법에 맞게 끓인다.

3 한 김 식힌 1과 물에서 건진 캐슈너트/영양 효모/소금/강황 가루/식초를 믹서에 넣고 간다. 채소 삶은 물은 남겨두었다가 믹서가 잘 돌아갈 만큼만 쓴다. 재료를 곱게 갈수록 부드럽고 걸쭉해진다.

4 삶은 파스타와 3을 섞어서 대접한다.

* 매운 고추를 넣으면 감자와 캐슈너트의 부드럽고 고소함에 알싸한 맛이 어울려 김치나 피클 없이도 파스타가 잘 넘어간다.

단백질

 채식을 결심하고 가장 먼저 단백질 섭취에 신경 썼다.
 단백질 함량이 높다는 귀리나 메밀 같은 곡류를 먹기 시작했고, 콩류나 두부가 식단에서 빠지지 않도록 노력했다. 중동의 허무스와 팔라펠, 멕시코의 검은콩으로 만든 부리토, 렌즈콩과 병아리콩을 활용한 인도 카레, 각종 콩 수프, 콩고기 등으로 식단은 다양해졌다. 인도네시아의 발효 대두 음식인 템페 맛에 매

료되어 균을 사다가 직접 만들기도 한다. 그러다 보니 익힌 콩은 소금이나 후추를 치지 않아도 그 자체로 맛이 기막히게 달고 좋다는 걸 알았다.

하지만 콩을 열심히 챙겨 먹으면서도 불안했다. 몸이 필요한 만큼 먹는 건지 알 수 없었다. 직접 채식을 실천하는 의사들은 콩은 물론 채소와 곡류에도 단백질이 충분하다고 말한다. 심지어 수십 년 동안 채식한 사람이 아이를 낳고 그 아이를 채식인으로 길러도 전혀 문제가 없단다.

그래도 걱정을 떨칠 수 없었다. 아무리 전문가들이 괜찮다고 해도 고기나 생선, 달걀을 많이 먹어야 근육이 유지되고, 머리카락과 피부에 윤기가 날 것만 같았다. 남편과 내 건강을 걱정하는 다른 가족들은 고사하고 나부터 채식이 안전한지 확신하지 못했다. 그래서 어느 날 작정하고 앉아서 내가 먹는 식품의 단백질 함량을 따져보았다.

나는 지금 이 글을 쓰는 동안 아몬드를 먹으며 단백질을 섭취하고 있다. 아몬드 반 컵에는 단백질 15g이 들어있다고 한다. 이는 키 170cm, 몸무게 60kg 기준으로 하루 단백질 권장섭취량의 30%를 충족하는 양이다. 겨우 한 주먹 정도의 아몬드에 단백질이 이렇게 많은 줄은 몰랐다.

계산기를 놓고 조금 더 그럴듯하게 살펴보자. 세계보건기구

기준에 따르면 단백질 '평균필요량'은 키 대비 정상 체중 기준으로 체중 1kg당 0.66g이고, '권장섭취량'은 0.83g이다. 예를 들어 170cm에 60kg인 사람의 단백질 평균필요량은 39.6g, 권장섭취량은 49.8g이다. 직업환경의학 전문의인 이의철 베지닥터 사무국장은 단백질을 지나치게 섭취하면 인슐린 저항성과 당뇨병을 일으킬 수 있으므로, 과잉섭취 우려가 있는 권장섭취량보다 평균필요량을 따라야 한다고 말한다.[3]

채식 식품의 단백질 함량은 다음과 같다.[4]

템페	1컵	34g
렌즈콩	1컵	18g
익힌 검은콩/강낭콩/병아리콩	1컵	15g
베이글	1개	11g
두부	1/3모	10g
퀴노아	1컵	8g
땅콩버터	2큰술	8g
아몬드	1/4컵	8g
통밀 식빵	2개	8g
스파게티	1컵	7g
두유	1컵	7g
오트밀	1컵	6g
해바라기 씨	1/4컵	6g

캐슈너트	1/4컵	5g
현미밥	1컵	5g
익힌 시금치	1컵	5g
익힌 브로콜리	1컵	4g
구운 감자	1개	3g

*두부/두유/빵 등 가공식품은 제품에 따라 함유량에 차이가 있다.

예를 들면, 아침에 땅콩버터를 바른 통밀 식빵 두 조각에 두유 한 잔을 마시고, 점심으로는 간단하게 요리한 스파게티나 콩과 브로콜리를 넣은 카레를 먹은 다음, 견과류나 씨앗, 구운 감자를 간식으로 하고, 저녁에는 현미밥에 시금치나물과 두부 된장국을 먹었다면 하루 단백질 권장량을 충분히 섭취하게 된다. 앞에서 언급했듯이 권장섭취량으로 단백질 과잉이 걱정되면, 평균필요량만 충족시키면 된다.

하도 단백질 단백질 하길래 정말 많이 먹어야 하는 줄 알았다. 그런데 이렇게 따져보니 우리 몸에 필요한 단백질량은 그리 많지 않아 보인다. 우리가 평소 먹는 식물성 음식만으로도 단백질을 충분히 섭취하고 있었다.

'고기에는 단백질'이, '우유에는 칼슘'이 많다는 걸 모르는 사람은 없다. 그런데 우리는 이 등식에 갇혀 채소와 곡물, 콩과 씨앗, 견과류 같은 식물성 식품에도 단백질과 칼슘이 있다는 사실을 잊었다. 고기나 생선, 알, 우유에서만 단백질을 얻을 수 있다는 믿음은 영양 과잉 시대의 미신이다.

이렇게 따져봤는데도 여전히 미심쩍을 수 있다. 그래서 종종 회자하는 예가 초식 동물이다.

> "지구에서 덩치가 크고 힘이 센 동물(코끼리, 코뿔소, 들소, 고릴라 등)들은 육식하지 않는다. 이 동물들이 단백질을 만드는 방법은 나뭇잎과 풀, 열매 먹기다."
>
> 기록영화 〈몸을 죽이는 자본의 밥상〉

와! 명쾌하다. 〈카우스피라시〉 제작진의 다음 작품인 〈몸을 죽이는 자본의 밥상 What The Health〉은 육식이 우리 몸에 끼치는 영향을 고발한다. 이 기록영화에 등장하는 의사와 영양사들은 '모든 단백질은 식물에서 나온다. 식물만이 공기 중 질소를 잡아들여 단백질로 합성할 수 있다. 우리가 동물에서 섭취하는 단백질은 단지 재활용된 식물 단백질이다. 식물에서 섭취한 단백질은 동물성과 달리 질과 양을 모두 충족한다. 모유에는 다른 어떤 포유류의 젖보다 단백질량이 적다. 단백질 과잉은 당뇨병, 심장병, 암을 유발한다.' 같은 사실을 쏟아내며 내 속을 후련하게 해줬다.

'황성수힐링스쿨'에서 상식을 깨는 건강 정보와 현미 채식을 알리는 황성수 박사는, 나물 곁들인 현미밥과 다른 곡물, 씨앗, 채소에 든 단백질만으로도 사람은 건강하게 살 수 있다고 말한다. 그는 오히려 콩, 특히 한국인이 많이 먹는 대두를 조심하라고 경고한다. 대두는 지방과 단백질 함량이 매우 높은데, 이는 피부 가려움과 무좀, 습진, 비염 같은 알레르기를 일으키거나, 천식과 아토피피부염, 자가면역질환, 만성 통증, 콩팥 문제 등을 유발할 수 있다고 한다. 게다가 대두 섭취로 노폐물 배설 장애를 겪을 수 있고 단백질 소화 과정에서 소변이나 방귀 냄새가 진해진다고도 한다. 정말 원한다면 콩은 적당히 밥에 섞어 먹는 정도로 조절하고, 된장과 간장 같은 발효식품도 염분이 지나치므로 먹지 않는 게 좋다고 한다.[5]

전문가들이 적정 단백질량 지표로 삼는 모유도 좋은 예다. 인간은 성장기, 즉 몸집이 커지는 시기에 가장 많은 단백질이 필요하다. 그중에서도 제일 폭발적으로 성장할 때가 유아기고, 이 시기에 최적화된 자연식품이 모유다. 모유 속 단백질량은 100g당 1g이다.[6] 이를 칼로리 비율로 따지면 7% 정도인데, 이는 현미(8%)나 과일(7%)과 비슷한 단백질량이고 초록색 잎채소(평균 30% 이상)보다 훨씬 낮은 수치다.[7] 참고로 소고기, 돼지고기, 닭고기는 50%를 넘는다.

성장을 멈춘 내가 모유에 든 것보다 더 많은 단백질이 필요할까? 전혀 아니다. 현미밥과 사과, 시금치도 충분히 좋은 단백질 공급원이다. 다른 생명을 취하지 않고 내게 필요한 단백질을 얻을 수 있다니 다행이다.

채식 초기에 고기, 생선, 달걀은 물론 콩까지 줄이라는 말을 들었다면 매우 당황했을 테다. 도대체 뭘 먹으라는 건지 화도 났을지 모른다. 하지만 채식하고 5년이 지난 지금은 솔직히 홀가분하다. 콩은 맛있지만 좀 번거로운 요리 재료다. 미리 불려야 하고 익는 시간도 오래 걸린다. 무엇보다 몸이 아는 것 같다. 콩 요리를 많이 먹고 나면 속이 더부룩하고 소화가 잘 안 되니까. 매 끼니 콩류를 먹어야 한다는 강박을 털고 나니, 유독 한두 가지 영양소를 강조하며 식단을 차리는 게 비정상적으로 느껴졌다.

내가 가장 좋아하는 식단이면 된다. 쌈 채소와 나물 반찬, 된장이나 두부를 곁들인 현미밥으로 충분하다. 아차! 된장과 두부도 콩이지? 이런, 이쯤에서 엄마 목소리가 들리는 것 같다.

거봐라. 이제 뭐 먹고 살래. 콩마저 안 먹겠다니 그게 말이 되니?

뭐, 아예 안 먹겠다는 건 아니고요, 일부러 챙겨 먹을 필요는 없고 생각날 때 먹는 정도면 어떨까요?

그러면 엄마가 그러시겠지. 그러니까 고기랑 생선도 떠오를 텐데 좀 먹어야 한다고. 그럼 난 이렇게 대꾸하겠지. 고기는 안 먹어도 건강에 지장이 없고, 고기 말고도 먹을거리가 참 많다고. 그래도 엄마는 삐쩍 마른 얼굴로 하는 소리라곤, 하고 뒷말을 흐리거나 안타까운 얼굴로 쯧쯧 하실 테고.

엄마는 엄마대로 나는 나대로. 서로 생각을 바꾸긴 힘들다. 한 몸에서 떼어 낸 사이조차 이럴진대 그 누구와도 생각이 같을 수 없겠지. 그러니 다른 사람이 아닌 내가 만족하고 수긍할 만한 선택을 한다.

엄마, 엄마와 다르게 먹어서 미안해요. 그런데 솔직히 진짜로 미안한 건 아니에요. 전 지금 제 식단이 정말 좋거든요. 그러니 엄마도 걱정하는 마음 터세요!

두부 스크램블

두부 스크램블은 만들기 간단하면서 배를 든든하게 채워주는 아침 식사로 알맞다. 여기에 구운 빵이나 베이글, 샐러드, 스무디 등을 곁들이면 상차림이 좀 더 풍성해진다.

재료 [2인분]

두부 1/2모
토마토 2개
아무 버섯 한 줌
잎채소 두세 줌
소금 1/4작은술
강황 가루 1/4작은술
후추

(선택)
영양 효모 2작은술

만들기

1 두부는 손으로 살살 으깨고 토마토는 굵게 다지고 버섯과 잎채소는 먹기 좋게 썬다.

2 팬을 중간 불에 올리고 두부, 토마토, 버섯, 소금, 강황 가루를 넣고 섞은 다음 뚜껑을 닫는다.

3 끓기 시작하고 4~5분쯤 뒤 두부에 강황 색이 고루 물들면, 잎채소와 영양 효모를 넣고 섞는다. 영양 효모가 잘 섞이고 잎채소가 숨이 죽을 정도면 된다. 바로 불을 끄고 후추를 뿌린다.

4 살짝 구운 식빵이나 베이글 위에 얹어 먹는다.

* 잎채소는 케일/근대/깻잎/부추/시금치/청경채 등을 활용하고, 버섯 대신 애호박/피망/브로콜리 등을 써도 좋다.

베지 로프

베지 로프는 간 고기를 양념해 익힌 미트로프Meatloaf의 채식 버전이다. 미트로프는 5세기에 쓰인 로마인들의 음식을 다룬 책 아피키우스에 등장할 정도로 역사가 깊다. 지금은 유럽과 중동, 동남아시아, 아메리카 대륙 등지에서 널리 즐겨 먹는다. 미트로프를 아메리카 대륙에 소개한 건 식민지 시절 독일 이민자들이었고, 이후 1930년대 대공황 때 사람들은 고기에 빵이나 오트밀, 크래커 등 남은 음식을 섞고 양을 늘려서 싼값에 고기 맛을 즐겼다고 한다. 이제 미트로프는 미국인들에게 위안을 주는 음식으로 자리 잡았다.
나라마다 미트로프 재료에 차이가 있지만, 대개 주재료로 간 고기를 쓰고 채소와 양념을 넣어 납작한 식빵처럼 모양을 잡아 굽거나 훈제한다. 여기에서 동물성 재료를 빼면 베지 로프가 된다. 볶음밥처럼 내가 원하는 재료 아무거나 써도 좋다. 아무 재료나 쓰는데 베지 로프가 맛있는 이유는 위에 올리는 소스에 있다. 먹다 남은 토마토 소스나 바비큐 소스 등을 써도 좋고 간단히 케첩으로 마무리할 수도 있다. 오븐 속에서 뜨거운 열에 졸아든 소스의 새콤달콤함이 구미를 당긴다. 으깬 콩과 밥, 빵 조각과 어울린 각종 채소의 따뜻한 기운도 씹는 맛을 한껏 살려준다.

재료 [6인분]

당근/애호박/브로콜리/피망/셀러리/버섯 등 아무 채소나 다져서 총 3컵
파/파슬리/고수/아루굴라 등 생 허브 다져서 1컵
토마토 2개, 케일 2장
마늘 5쪽, 양파 1개
밥 2컵, 삶은 콩 아무거나 2컵
납작하게 누른 오트밀(귀리) 1컵(또는 잘게 부순 식빵 3조각)

[양념]
아마인 가루 1/3컵(또는 전분이나 밀가루)
간장 2큰술, 겨자 소스 2큰술
후추 1/2작은술
오레가노/타임/딜/큐민/이탈리안 양념 중 아무거나 총 1/2작은술

[토핑]
케첩 1컵

만들기

1 채소류는 볶음밥용 재료처럼 작게 다진다.

2 아마인 가루는 물 2큰술에 섞어서 십 분쯤 두었다가, 다른 양념 재료와 섞는다.

3 큰 그릇에 1과 2, 밥/콩/오트밀을 잘 섞은 다음 기름칠한 오븐 용기에 담는다. 윗면을 편평하게 다져준 다음, 케첩을 뿌리고 모든 면이 덮이도록 고르게 편다. 쿠킹포일로 덮는다.

4 섭씨 175도에 맞춰진 오븐에 3을 넣고 45분 동안 굽다가, 쿠킹포일을 거두고 10분 더 굽는다.

5 적당한 크기로 잘라 대접한다. 샐러드/수프/국 등과 어울려 먹는다.

칼슘

 예나 지금이나 엄마는 멸치볶음을 곧잘 만드신다.
 엄마에겐 비밀이지만, 내가 어렸을 때 좋아한 멸치볶음은 같이 도시락을 먹던 친구네 멸치볶음이었다. 그게 더 맛있었던 이유를 지금 생각해보니 설탕이었던 것 같다. 어떤 조화를 부렸는지 그 멸치볶음에 든 설탕은 녹지 않고 알알이 살아서 멸치와 함께 달게 씹혔다. 내 반찬 먹듯 그 친구의 멸치볶음은 내가 끝을 내곤 했으니, 늦었지만 미안하다 친구야!

달콤하고 바삭한 멸치볶음도 맛있고, 그냥 고추장에 찍어 먹는 마른 멸치도 좋다. 본격적인 외국살이를 시작한 뒤부터 엄마 집에 가면 된장이나 미역보다 멸치를 먼저 챙겼다. 채식을 시작하고 한동안 급습하는 정신적 허기를 달래 준 것도 멸치였다. 아무리 배부르고 맛있게 먹어도 돌아앉으면 뭔가 더 필요했다. 그러면 냉동실에 넣어 둔 멸치 봉지를 꺼내 배가 갈린 멸치를 입에 넣고 씹었다. 적당한 소금기와 바다 냄새에 씹는 맛이 아주 좋았다. 허겁지겁 열두 마리쯤 집어 먹다가, 입안에 짠맛이 그득해지면 후다닥 봉지를 묶고 냉동실에 넣었다. 그렇게 서너 달 지나자 멸치도 우리 집에서 사라졌다.

나는 소고기나 닭고기보다 갈치나 오징어, 조개 같은 해산물을 더 좋아했다. 채식하기 한참 전, 태국 방콕의 한 식당에서 새우 요리를 먹으며 그 감칠맛에 감탄했을 때, 태국 근해에서 일어나는 일은 상상도 못 했다. 양식장을 만들려고 탄소를 저장하는 맹그로브 숲을 밀어버리고, 감금과 강제노역, 폭력과 살해 위협에 노출된 이민자들이 해산물을 걷어 올리고 있었다! 내가 처음으로 이런 보도를 접했을 때 남편과 나는 이미 채식을 실천하고 있었다. 아니, 정말 그게 처음이었을까? 확신할 수 없다. 훨씬 이전에 비슷한 이야기를 들었을지도 모른다. 내 기억에 남기지 않았을 뿐.

누군가의 처참한 삶으로 내 식욕을 채우고 있었다니. 정말 알고 싶지 않은 불편한 사실이었다. 고기와 마찬가지로 해산물을 계속 먹어도 될 핑계를 찾을 수 없었다.

저인망 어업bottom trawling은 대표적인 대량 어획 방법이다. 이를 위해선 축구장도 들어갈 만큼 거대한 그물을 던져서 바닥을 훑듯이 고기를 걷어 올리는데, 이때 그 길에 있는 모든 바다 생물이 걸려든다. 그뿐만 아니라 산호를 포함한 해면 생태계가 무자비하게 파괴되고, 그물에 걸려든 온갖 생물 중 상당수는 버려진다. 세계자연기금에 따르면 전 세계에서 잡히는 어류 중 약 40%는 불필요하다는 이유로 폐기된다.[8]

어망을 피했다고 무사한 건 아니다. 제대로 회수하지 않거나 버려진 낚시 도구들이 바다를 떠돌면서 조류를 비롯한 바다 생물을 위협한다. 2018년 사이언티픽 리포트Scientific Reports에 실린 한 연구에 따르면 태평양에 떠 있는 거대한 쓰레기 지대를 분석한 결과 약 46%가 고기잡이 그물이었다고 한다.[9]

양식은 어떨까? 작은 공간에 많은 물고기를 가둬두고 길게는 2년 동안 길러서 시장에 보내려면, 항생제와 살충제를 써야 한다. 양식장의 기생충과 배설물은 바다로 흘러가 다른 생물을 위협하고 해양 오염 원인이 된다. 양식장의 물고기도 먹이가 있어야 자랄 수 있다는 사실도 간과하기 쉽다. 예를 들어 양식 연어

1kg을 얻으려면 그보다 열다섯 배 많은 작은 물고기가 먹이로 필요하다.[10]

별다른 맛도 없는 지느러미 때문에 상어를 죽이고, 참치를 잡으려고 그보다 몇 배 많은 돌고래를 도살하는 일도 바다에서는 흔히 벌어진다. 그렇게 잡은 참치로 만든 참치통조림에는 '돌고래 안전Dolphin Safe'이라는 인증 라벨이 붙기도 한다.[11] 마구잡이 어획으로 한 종의 개체 수가 급격히 줄면 먹이 사슬은 쉽게 무너진다. 우리도 그 먹이 사슬에 속한다는 사실을 잊어선 안 된다. 전문가들은 지금처럼 어획이 계속된다면 2048년이면 바다에서 물고기가 사라질 지 모른다고 경고한다.[12]

바다는 지구 온도를 조절하고 산소를 공급하는 중요한 역할을 한다. 그런 바다가 멍들고 바다 생물이 영원히 사라진다는 사실은 생각하기도 싫다. 우리가 해산물을 원하는 한 바다 플라스틱 문제와 해양 생태계 파괴, 생물 종 감소는 해결되지 않는다.

그럼 우유랑 멸치 없이 어떻게 내 뼈 건강을 지킬 수 있을까?
다행히 채소와 콩, 견과에는 칼슘이 풍부하다. 동물성보다 식물성 식품에서 양질의 칼슘을 얻을 수 있다는 연구도 있다. 전문가들은 동물 단백질에 포함된 황과 인이 칼슘 배설을 재촉해 육류나 유제품을 많이 먹을수록 뼈가 약해질 가능성을 제기한다.[13] 그들은 칼슘 섭취가 많은 서구국가에서 골다공증이나 골절이 많이 발생하는 이유로 동물 단백질을 지목한다. 또한, 오메가3지방산이 심혈관질환을 예방하는 근거를 찾지 못했지만, 생선에서 나온 오메가3지방산 섭취가 높을수록 전립선암과 당뇨병 발생 위험이 커진다는 사실을 밝히기도 했다.[14]

신선한 채소와 과일을 먹으면 부작용 없이 적정량의 칼슘을 섭취할 수 있다. 19~60세 한국인 기준으로 하루 칼슘 섭취 권장량은 700~800mg이다. 우리가 흔히 먹는 식물성 식품 속 칼슘양은 다음과 같다.[15]

익힌 콜라드 그린	1컵	268mg
익힌 시금치	1컵	244mg
익힌 케일	1컵	177mg
익힌 배추/청경채	1컵	158mg
케일	1컵	100mg
익힌 브로콜리	1컵	62mg
셀러리	1컵	40mg
템페	1컵	184mg
두부	100g	130mg
삶은 병아리콩	1컵	80mg
땅콩	100g	62mg
삶은 검은콩	1컵	46mg

타히니	2숟가락	128mg
아몬드	1/4컵	94mg
깨	1숟가락	87mg
말린 무화과	6개	82mg
익힌 오트밀	1컵	21mg
베이글	1개	19mg
현미밥	1컵	19mg
칼슘 강화 두유	1컵	300mg

 우리가 집에서 먹는 음식들로 얼마나 많은 칼슘을 섭취하는지, 하루 권장섭취량에 대한 백분율로 따져보았다. 위 칼슘양 표를 참고한 대략적인 백분율이다.

익힌 녹색 잎채소(케일/청경채/시금치 등) 한 컵 20~30% 함유

시금치 두부 된장국과 현미밥 27%

병아리콩 시금치 카레 20%

아몬드 한 줌과 일반 두유 한 컵 15%

바나나 케일 스무디 한 컵 12%

두부 브로콜리 조림 한 컵 12%

아몬드 버터 바른 베이글 12%

오트밀 한 그릇과 셀러리 두세 줄기 8%

이렇게 직접 식품 영양을 따져본 뒤로는 녹색 잎채소를 더욱 신뢰하게 되었다. 물론 씻는 게 귀찮거나 단순히 잊고서 잎채소 없이 하루 이틀 보내는 일도 다반사다. 그러다가 문득 정신이 들면 식사 준비에 앞서 가장 먼저 케일을 씻는다. 뼈가 되고 싱싱한 세포가 되어라, 경건하게 주문을 외우면서.

 우리는 장 볼 때 케일과 콜라드 그린, 시금치를 꼭 산다. 잎채소는 열에 닿으면 영양소 파괴가 진행되니 화려한 요리법이 필요 없다. 날 것 그대로 샐러드에 넣고, 살짝 익혀서 나물로 무치거나 쌈으로 먹는다. 특별히 칼슘을 챙기고 싶을 땐 요리 마지막에 녹색 잎채소를 넣는다. 국, 찌개, 수프, 볶음 요리, 심지어 밥에도 응용할 수 있다. 요리가 다 되면 불을 끄고 채 썬 잎채소를 넣은 다음 숨이 죽을 정도로만 살짝 뒤적인다. 이렇게 하면 영양소 파괴를 줄이면서 초록빛도 살릴 수 있다.

토마토 케일 볶음

간장이나 된장, 고추장을 넣지 않고 조금 색다른 반찬을 만들고 싶을 때 토마토를 이용한다. 토마토 특유의 향과 새콤한 맛 덕분에 특별히 간을 안 쳐도 밥반찬 하기 좋다. 여기에 아무 잎채소나 썰어 넣고 살짝 볶으면, 칼슘제를 복용한 듯이 뱃속과 마음이 든든하다.

재료 [반찬으로 2인분]

토마토 3개
양파 1/2개
마늘 3쪽
케일 1/2단

(선택)
식용유 1/2큰술
소금/후추 약간
향신료 가루 1/2작은술 *

* 큐민/고수/계피/생강/올스파이스/이탈리안 양념 등 아무거나

요리법

1 다진 양파와 마늘, 식용유를 팬에 넣고 중간 불에서 볶는다. 기름 없이 요리하고 싶을 땐 물 2~3큰술을 넣고 뚜껑을 덮어 자작하게 끓인다.

2 양파가 투명해지기 시작하면 먹기 좋게 썬 토마토를 넣어서 함께 볶는다. 이때 원하면 소금이나 향신료 가루를 추가한다.

3 마늘과 양파가 다 익으면 채 썬 케일을 넣고 숨이 죽을 만큼만 섞어준다. 바로 불을 끄고 그릇에 담아낸다.

* 케일 대신 시금치/근대/배추/청경채/브로콜리/콜라드 그린 등을 볶아도 좋다.

질문

채식 초기 남편은 관련 책을 읽고 비타민 B12 영양제를 샀다. 비타민 B12 영양제는 보통 알약이나 액체 형태로 파는데, 남편이 향 좋은 산딸기 맛으로 사는 바람에 나도 열심히 챙겨 먹었다.

비타민 B12는 정상적인 혈액 생산과 신경 작용을 위해 꼭 필요한 영양소다. 이 비타민이 부족하면 피로, 무기력, 빈혈, 기억력 감소, 신경장애, 위장계통 이상 등을 일으킨다. 비타민 B12는 자연계에서 오직 미생물만 합성할 수 있다고 한다. 이는 인간을 비롯한 동식물 모두 세균에 의지할 수밖에 없다는 뜻이다.

동물성 식품으로만 섭취할 수 있다고 알려진 비타민 B12는 사실 우리가 흔히 먹는 식물성 식품에도 존재한다. 김이나 파래, 미역 같은 해조류와 일부 버섯류, 된장, 청국장, 고추장, 템페, 맥주효모 같은 발효식품은 좋은 비타민 B12 공급원이다. 다만, 버섯이나 발효식품은 생산 조건에 따라 함유량에 큰 차이가 있고, 해조류에서 좀 더 안정적으로 B12를 얻을 수 있다고 한다.[16] 비타민 B12 하루 권장량을 충족하려면 김 한두 장이나 파래 3~4g을 섭취하면 된다.[17] 참고로 비타민 B12 섭취를 위해서는 조리한 것보다 생으로 먹는 게 낫다.

의사를 포함한 채식 전문가들은 해조류와 발효식품을 포함한 균형 잡힌 채식 식단이라면 비타민 B12 부족을 걱정하지 않아도 된다고 말한다. 특히, 우리 몸은 하루 필요량의 2,000~5,000배 되는 비타민 B12를 저장하므로 완전 채식을 해도 첫 몇 해 동안은 문제가 없다고 한다.[18] 다만, 3년 이상 완전 채식을 유지할 땐 정기적인 혈액검사로 결핍 여부를 확인하는 것도 권고된다. 이의철 직업환경의학 전문의가 쓴 『조금씩, 천천히, 자연식물식』에서 비타민 B12의 흡수과정과 성질, 안전한 섭취법 등을 자세히 안내한다. 의학적 연구를 바탕으로 채식의 안전성을 알리고, 건강한 생활 습관을 지도하는 전문가들의 모임인 '베지닥터' 누리집도 관련 정보를 제공한다.[19]

황성수 박사는 대장 속 미생물이 비타민 B12를 만들어서 우리 몸에 제공하므로, 건강한 식생활을 유지하면서 바람직한 장 환경을 만들어준다면 채식으로 인한 B12 결핍 걱정은 안 해도 된다고 말한다.[20] 이렇게 간단하면서 돈 안 드는 건강 유지법을 알려주고 마음도 편안하게 해주는 의사들이 많아졌으면 좋겠다.

그밖에 채식한다고 하면 이런 질문을 받는다.

채식하면 기운이 없지 않아?

피타고라스는 '물고기부터 철학자까지 모두가 형제 관계'이고 내면의 언어로 연결된다고 생각했고, 소크라테스는 전쟁의 기원을 육식에서 찾았으며, 레오나르도 다 빈치는 채식으로 충분히 생존할 수 있다고 생각했다.[21] 이 세 위인은 모두 채식인이었다고 한다.

영화배우 호아킨 피닉스와 나탈리 포트먼, 베네딕트 컴버배치, 제임스 캐머런 감독, 가수 아리아나 그란데와 제이슨 므라즈도 완전 채식인으로 알려졌다. 내가 관심이 없어서 이름은 잘 모르지만 유명한 보디빌더를 비롯한 운동선수도 많다. 'vegan athletes'나 'vegan muscles'라고 구글링하고, 이미지 탭을 누르면 탄탄한 근육을 자랑하는 채식인들의 사진을 볼 수 있다. 채식하면서 좋은 기록을 내는 운동선수들의 이야기를 다룬 영화 〈더 게임 체인저스 The Game Changers〉도 볼만 하다.

나도 한때는 풀만 먹고선 힘을 쓸 수 없다고 생각했다. 지금은 두 가지를 깨달았다. 첫째, 채식인들은 풀만 먹고 살지 않는다. 둘째, 지나친 포만감이 곧 에너지의 근원을 뜻하는 건 아니다. 현미밥과 나물만 먹으면 뭔가 허전하고 배가 금방 꺼질 것 같은 기분이 있다. 그 2% 부족한 포만감이 바로 소화불량 없는 든든함이라고 생각한다. 동물 단백질이나 지방처럼 체내에 지나치게 오래 머물며 각종 문제를 일으키는 대신, 음식물이 제때 소화될 예정이라는 신호다.

채식 때문에 생긴 병이다?

실제로 몇몇 친구가 나에게 이렇게 말했다.

"네가 갑상샘에 이상이 생긴 이유는 그 채식 때문일지도 몰라".

〈몸을 죽이는 자본의 밥상〉에 비슷한 사례가 나온다. 이 영화에서 비슷한 질문을 하는 한 환자에게 의사가 이렇게 되물었다.

"그럼 고기를 먹는 사람이 갑상샘 기능에 이상이 생겼을 때는 이유가 뭐라고 해야 할까요?"

어쩌다가 우리는 채식에 민감하게 반응하게 된 걸까? 어떤 병이 채식 때문이라고 주장하려면, 고기와 채소를 모두 먹는 사람도 같은 병에 걸리는 이유를 설명해야 한다.

나를 담당했던 의사는 내 증상을 바이러스 감염 때문에 생기는 질환으로 진단했고, 나는 얼마간 처방 약을 먹고 나았다. 참고로 채식을 시작한 뒤 나는 체중에 큰 변화가 없고 남편은 2~3kg이 빠진 상태를 유지한다. 우리 둘 다 키 대비 정상 체중 범위에 있다.

채식은 건강식이다?

채식인들은 곡물, 채소, 콩, 버섯, 해조류, 견과류, 과일 등 먹을 게 많지만, 그밖에 이런 것도 먹는다. 피자, 햄버거, 부리토, 타코, 초밥, 햄, 소시지, 치즈, 버터, 케이크, 도넛, 아이스크림…. 믿을 수 없다면 'Vegan foods'나 'What vegans eat?'으로 다시 이미지 구글링을! 푸르딩딩할 것 같은 채식에 대한 편견을 깨는 화면에 실망하지 말길.

채식은 비싸다?

폴란드는 고기류가 싸고 미국은 채솟값이 싸지만, 한국은 고기도 채소도 매우 비싼 것 같다. 이렇게 나라마다 물가가 다르고 개인 사정도 있으니, 장바구니 물가 체감은 저마다 다를 테다. 남편과 내 경험에 비추어 말하자면 채식은 육식보다 비싸지 않다.

채식 초기에는 식물성 견과류와 콩류를 그 전보다 많이 샀다. 고기, 생선, 달걀, 가공육이 빠진 자리를 무언가로 메워야 했기 때문이다. 영양 효모, 아마인, 치아 씨, 타히니 같은 새로운 음식 재료를 살 때면 지출이 느는 기분도 들었지만, 이런 식품은 한번 사두면 오래 쓴다는 걸 이제 안다. 채식하고 5년이 지난 지금, 견과류와 콩류 섭취량은 채식하기 전과 비슷해졌다. 밥과 빵을 먹는 횟수나 양도 그 전과 크게 다르지 않고 국수는 일주일에 한두 끼 정도 더 먹는다. 그렇다면 고기, 생선, 달걀, 가공육이 빠진 자리를 뭐로 채우고 있을까? 대체육과 채소다. 식물성 재료로 만든 대체육은 일주일에 두 번 정도 쓰고, 채소는 이전보다 1.5배 정도 더 먹는다.

예전이나 지금이나 가계부를 적지 않아서 정확한 금액 비교는 어렵다. 다만, 최근에 채식이 비싸다는 생각을 지울 계기가 있었다. 시댁에 사정이 있어 대신 장을 봐야 했는데, 생고기 가격에 깜짝 놀랐다. 소시지나 햄 같은 가공육은 물론 냉동 해산물 가격도 만만치 않았다. 5년 동안의 물가 상승을 고려해도 선뜻 집어 들기에 부담스러웠다. 만약 우리가 다시 육식한다면, 대체육을 안 사고 채소를 덜 사겠지. 그런데 그렇게 남긴 돈으로 돼지고기나 닭고기, 샌드위치 햄, 달걀, 냉동 새우를 사기엔 아무래도 돈이 한참 부족할 것 같다.

외식은 어때?

지금껏 가본 사오 십 군데 채식 식당 중 좀 비싸다는 생각이 든 건 세 곳 정도다. 덴버 외곽의 버거집과 새크라멘토의 퓨전 채식 식당, 바르샤바의 비건 초밥 가게. 첫 두 곳은 금액 대비 양이 적어 불만이었고, 초밥 가게는 맛이 참 좋았기에 비싼 가격은 용서할 수 있었다. 그 외 식당들은 현지 물가에서 크게 벗어나지 않았다. 불만이 있다면 대부분 카페에서 식물성 우유에 추가 금액을 요구한다는 점. 만약 내가 카페 사장이고 우유를 꼭 팔아야 한다면 소에서 짠 우유에 더 비싼 값을 매기리라!

우리는 여전히 비타민 B12 영양제를 갖추고 있다. 다만, 잘 챙겨 먹지 않아서 자주 사지 않는다. 나는 미생물이 좋아할 만한 장내 환경을 만들어주면 된다는 전문가 의견에 동의한다. 무엇보다 집에서 만든 발효식품과 해조류를 꾸준히 섭취하고 있어 든든하다. 또 텃밭에서 거둔 채소를 대충 씻어 껍질째 먹으며, 당근이나 열무에 묻은 약간의 흙에 미생물이 딸려와 내 몸에 어떤 역할을 하지 않을까 상상하기도 한다.

세상에는 다양한 식이요법과 운동 치료법이 있다. 수많은 경험치가 쌓여 생긴 이런 요법들은 저마다 좋은 점이 있고, 나에게 맞지 않는 부분이 있을 수 있다. 십여 년 전 허리 통증을 호되게 겪으며 교훈을 하나 얻었다. 그때 이런저런 운동 요법을 배우고 통증을 다루는 책들을 읽었는데, 직접 해보니 몸에 맞고 마음에 남는 게 있었다. 무조건 나쁘거나 무조건 좋기만 한 건 없었다. 그저 나와 맞는 걸 골라서 실천하고 내 것으로 만들면 된다는 걸 배웠다.

많이 읽고 두루 보고 경험이 쌓일수록 채식에 대한 불신은 줄어든다. 잠깐만! 지금 글은 이렇게 쓰지만, 앞으로 또 어떤 불안감이 닥치지 않을 거라고 장담은 못 하겠다. 그럴 땐 무작정 채식의 영양 불균형을 의심하기 전에 육식은 내 몸에 안전한가를 먼저 물어보기로 했다. 완전 채식도 지나친 육식도 믿을 수 없다면, 최소한 다른 생명을 덜 위협하는 쪽을 선택하기로 했다.

바다향 두부 감자 부침

감자와 두부, 마늘, 양파, 간장 같은 흔한 음식 재료에 김을 섞으면 색다른 요리가 된다. 이 감자 부침 요리는 크로켓과 맛이 비슷한데, 짭짤하게 간이 밴 김 조각에서 바다향이 살포시 난다. 여기에 서양에서 생선 요리에 즐겨 쓰는 딜 가루를 추가하면 향긋함이 더해진다. 두부 감자 부침은 밥, 빵, 샐러드, 스파게티에 올려 먹고, 샌드위치나 버거 패티로 활용하기도 한다.

재료 [3~4인분]

삶은 감자 2컵
두부 250g
양파 1/2개
마늘 5쪽
매운 고추 1개
식빵 3개
김 2장
간장 2~3큰술
참깨 1큰술
후추 약간

(선택)
딜 가루 1작은술

만들기

1 삶은 감자는 으깨고 양파/마늘/고추는 작게 다진다. 김은 최대한 잘게 자르고, 빵은 곱게 부순다.*

2 큰 용기에 두부를 넣고 손으로 으깬 다음, 모든 재료를 넣고 치대면서 반죽을 고루 섞는다.

3 반죽을 예닐곱 등분하고, 지름 약 10cm로 둥글납작하게 빚는다.

4 팬을 달군 다음 식용유를 넉넉히 두르고 불을 조금 줄인다. 기름이 데워지면 반죽을 올려 양면을 노릇하게 굽는다. (기름에 부치는 대신 섭씨 180도로 예열된 오븐에서 30분 정도 구워도 좋다.)

* 식빵은 미리 꺼내서 두어 시간 말리거나, 토스터에 넣고 구우면 부수기 쉽다.

식당

 채식을 시작한 그 겨울 우리는 폴란드 바르샤바에 살고 있었다.
 폴란드 음식은 한국처럼 고기 중심으로 식단이 짜여 있다. 대표 요리인 양배추말이찜 고우옹브키, 조림 요리 비고스, 소시지 케우바사를 넣어 끓인 수프 쥬렉 등은 모두 고기를 주재료로 한다. 그 밖에 돼지고기 발목 요리 골롱카, 절임 청어 슐

레츠도 동물 단백질을 빼면 상상할 수 없는 요리다. 폴란드식 만두 피에로기나 비트 수프 바르슈츠에는 치즈나 사워크림을 종종 쓴다.

식당에서 파는 음식은 상당히 짜고 기름진 편이다. 게다가 양도 푸짐해서 외식할 때마다 내 뱃속은 묵직해지곤 했다. 그래도 외국에 살며 현지 음식을 알아가는 재미를 빼놓을 순 없다. 우리는 입맛에 맞는 맛집 찾기를 포기하지 않았다. 간혹 소금 간이 적당하고, 맛과 서비스가 변함없는 식당을 찾으면 단골이 되었다. 오랫동안 고급스러운 맛을 지키는 전통 음식점 두어 곳, 반죽에 닭고기나 연어를 넣고 구운 와플로 맛깔난 샌드위치를 만들어 파는 와플 바, 케밥이나 팔라펠 같은 간단한 아랍 음식을 파는 간이 식당, 얇은 도우와 토마토소스가 일품인 피자 가게 등. 이중 어느 한 곳 섭섭하지 않게 고루 돌아가면서 외식을 즐겼다.

절인 청어에 오이 소스와 양파를 얹은 애피타이저 맛을 알고, 남편 입맛에 맞는 수제버거집을 발견했을 즈음 우리는 채식으로 돌아섰다. 겨우 알게 된 폴란드 음식과 단골 식당들을 포기하려니 섭섭했다. 하지만 외식 횟수는 줄지 않았다. 구글맵에서 비건 식당을 입력하면 바르샤바 시내 여기저기에 후두두 표시가 뜰 정도로 많았기 때문이다. 당시 바르샤바는 이웃 나라

독일의 베를린과 함께 인구 대비 채식 식당 비율이 높은 도시로 꼽혔다. 기름진 고기 요리를 좋아할 것 같은 동유럽 나라에 채식 식당이 많다는 사실이 의아했다. 아마도 지나치게 무거운 육식의 반대급부로 완전 채식 식당이 발달한 건 아닐까 짐작했다. 오륙 년 전 바르샤바 시내에는 대략 이런 채식 식당들이 있었다.

콩 요리에 곁들여 새콤한 양배추, 당근, 비트 같은 폴란드식 반찬을 골라 먹는 카페테리아, 모든 메뉴에 새싹채소를 듬뿍 올려 대접하는 퓨전 음식점, 콩고기와 비건 치즈로 멕시코 음식을 만드는 간이 식당, 일반 이스라엘 음식을 다루다가 완전 채식으로 전향한 음식점, 팔라펠을 선두에 내건 패스트푸드점, 분위기 좋은 모로코 음식점, 피자집, 버거 전문점, 초밥 가게, 다양한 대체육과 두부를 활용한 동양 요리점, 그리고 뭐라고 이름 붙이기 어려운 음식을 팔던 실험적인 식당 등등.

지금 인터넷으로 찾아보면 이들 식당 중 몇 곳은 문을 닫은 모양이다. 하지만 사라진 식당 수보다 새로 생긴 채식 식당 숫자가 훨씬 많다. 바르샤바만 그런 건 아니다. 한국 사정도 비슷하다. 타국에서 인터넷으로 검색하는 처지에 불과하나, 지난 삼사 년 동안 서울 내 채식 식당은 확연히 증가 추세다.

채식 초반 밖에서 먹을 수 있는 음식이 제한적이었다면 우리 채식은 쉽지 않았을 테다. 다양한 채식 식당 덕분에 식단 변화에 따른 당황스러움을 해소하고 심리적 허기를 달랠 수 있었다. 더불어 외식은 손쉽게 끼니를 해결하는 것 외에, 새로운 음식 재료와 생각지 못한 재료 조합을 알아가는 재미도 준다. 채식 식당에서 식물성 재료와 요리법을 가늠하다 보면 집에서 만들어 볼 용기도 생겼다.

비건 초밥집의 망고 디저트에 들어있던 치아 씨는 우리 집 스무디의 재료가 되었다. 팔라펠 식당에서 파는 퍽퍽한 케이크 덕분에 타히니라는 참깨 페이스트를 알게 되었고, 지금은 걸쭉한 소스를 만들 때 타히니를 응용한다. 채식 버거집에서는 콩고기, 두부, 병아리콩, 기장, 포토벨로 버섯 등으로 패티를 만들 수 있다는 걸 배웠다. 기장을 사서 잡곡밥을 만들거나 따로 익혀서 샐러드에 넣어보고, 손바닥만큼 큼직한 포토벨로 버섯에 만두속을 채워 익혀 먹기도 한다.

비건 초밥 가게에서 원조 맛을 뛰어넘는 신세계를 경험했을 땐, 양념만 적절히 쓰면 동물성 식품 없이 얼마든지 새로운 맛을 낼 수 있다는 걸 알았다. 그즈음 한 퓨전 폴란드 식당에서는 비건 크림파스타를 먹어보았다. 다시 먹고 싶지 않을 정도로 느끼했지만, 식물성 재료로 어떻게 크림소스를 만들까 궁금해져 인터넷을 검색했다. 캐슈너트를 갈거나 식물성 우유 혹은 버터에 밀가루를 섞으면 크림파스타도 가능했다.

또, 식물성 우유와 견과류, 들깻가루, 아마 씨 가루 등으로 크림소스나 치즈, 마요네즈를 대체하고, 영양 효모로 치즈 맛을 내기 시작했다. 그리고 달걀 대신 연두부나 바나나, 아마 씨 가루로 촉촉한 케이크를 만들 수 있다는 것도 배웠다. 이렇게 집 밖에서 새로운 맛을 보고 요리 아이디어를 얻으면서 우리가 만들 수 있는 음식의 폭도 넓어졌다.

내가 처음 바르샤바에 도착했을 땐 찬 바람이 강한 2월이었다. 도시는 딱딱하고 사람들은 잘 웃지 않았다. 가게에서는 잔돈 없는데 액수가 큰 지폐를 낸다고 계산을 거부당하기 일쑤였다. 비교해봤자 달라질 건 없지만, 전에 살던 따뜻한 나라가 그리웠고 그때 더 즐기지 않은 걸 아쉬워했다.

우리는 지나버린 시절과 더는 누릴 수 없는 공간을 추억하며 바르샤바의 벽돌길을 걸었다. 그러는 동안 우울하고 긴 겨울 끝에 맞는 눈부신 여름을 세 번 맛보았고, 도시 곳곳에 흐르는 쇼팽의 섬세한 피아노 선율에도 익숙해졌다. 그리고 어느 날 갑자기 그 도시를 떠나게 된 이래 우리는 바르샤바를 그리워하게 되었다.

그렇게 지나간 시간을 아쉬워하는 미련을 세 번쯤 겪고서야 깨달았다. 지금, 여기에 살자고.

바르슈츠 barszcz / borscht

폴란드에서는 양배추와 당근만큼 흔한 음식 재료가 비트다. 채 썬 비트를 사과나 식초, 레몬즙과 버무려 주요리에 곁들여 먹고, 사워크림과 섞어 걸쭉한 수프로 만드는가 하면, 크리스마스에는 발효한 비트로 맑은 수프를 만들어 버섯 만두를 넣어 먹는 전통도 있다. 그중 비트 수프를 바르슈츠라고 부른다. 우크라이나에서 비롯한 바르슈츠는 폴란드는 물론 동유럽과 러시아 등지에서 널리 즐겨 먹는다. 바르슈츠는 지역이나 조리사에 따라 다양하게 변하는데, 비트를 기본으로 마늘과 양파, 당근, 파슬리 뿌리, 토마토, 양배추, 감자, 콩, 고기, 만두, 사워크림 등 갖은 재료를 조합해 만들 수 있다. 또, 계절이나 기분에 맞춰 가스파초처럼 차갑게 대접하기도 한다.

생 비트는 아린 맛이 있지만, 익히면 아무 양념을 안 해도 달고 맛이 좋다. 단맛 뒤에 숨겨진 짭짤함 때문인지 밥반찬으로도 잘 어울린다. 어질어질한 기분이 들 땐 왠지 비트가 생각나는 이유가 있었으니, 이 뿌리채소에는 비타민C와 비타민 B6, 마그네슘, 칼륨, 철분, 단백질 함량이 높기 때문이었나 보다. 게다가 식이섬유가 풍부해 비트를 먹고 나면 시원하게 대변을 볼 수 있다. 다만 대소변 빛깔이 좀 붉어도 놀라지 말 것!

재료 [4인분]

- 비트 뿌리 2~3개(약 500g)
- 마늘 3~4쪽
- 셀러리 2줄기
- 식초/레몬즙 1큰술

만들기

1 비트를 손가락 굵기로 썰고 마늘/셀러리/물 2컵과 함께 중간 불에서 삶는다. 끓어 넘치지 않도록 뚜껑은 살짝 열어둔다. 비트가 완전히 익으면 불을 끄고 한 김 식힌다. (약 30분 소요)

2 1과 비트 삶은 물 1컵, 식초를 믹서에 넣고 곱게 간다. 비트 삶은 물이 부족하면 맹물로 모자란 양을 채운다.

3 수프를 그릇에 담고 다진 파/부추/소금/후추 등을 올려 대접한다.

* 두유 요구르트/두부/감자/파스타/샐러드와 먹는다.

쥬렉 żurek

동유럽에는 밀이나 호밀, 귀리 등을 발효한 액체로 만든 시큼한 수프가 있다. 그중 호밀로 만든 수프를 폴란드에서는 쥬렉이라고 부른다. 쥬렉 국물은 사골곰탕처럼 희지만, 맛은 김치찌개처럼 시큼하고 손칼국수처럼 걸쭉하다. 쥬렉의 주요 건더기 재료는 소시지나 베이컨, 삶은 달걀이다. 이런 동물성 재료를 빼면 쥬렉 만들기는 불가능해 보인다. 게다가 폴란드 음식에서 국물 맛을 내는 파슬리 뿌리나 셀러리 뿌리, 파스닙도 구하기 어렵다. 하지만 우리에겐 호밀 액체가 남았다. 상온에서 며칠 발효한 이 액체만 있으면 독특한 국물 맛을 낼 수 있다.

재료 [2인분]

[발효 호밀]
소독한 유리 용기
끓였다가 식힌 물 500mL
호밀 가루 1/2컵
마늘 3~4쪽

[쥬렉]
스파게티 면 1.5인분(120g 정도)
감자 중간 크기 2개
양파 1/2개
당근 1/2개
셀러리 줄기 2개
다진 마늘 1/2작은술
소금 3/4~1작은술
오레가노/파슬리 1큰술

만들기

[발효 호밀]
1 끓인 물로 소독하고 완전히 말린 유리 용기에 물/호밀 가루/으깬 마늘을 넣고 저어준다. 공기가 잘 통하는 천으로 덮어 따뜻하고 그늘진 곳에 둔다.

2 3일 후 한 번 저어주고 4~5일째 되면 요리에 쓸 수 있다. (냉장고에서 2주 정도 보관 가능)

[쥬렉]
1 감자/양파/당근은 두께 1.5cm 정도로 깍둑썰기하고, 셀러리는 1cm 두께로 썬다. 스파게티는 조리법대로 준비하되, 90% 정도만 익힌다.

2 냄비에 물 2컵과 감자를 넣고 끓인다. 물이 끓기 시작하면 중간 불로 줄이고, 양파/당근/셀러리를 넣는다.

3 감자와 당근이 거의 익으면, 2에 다진 마늘/소금/발효 호밀 액체를 넣고 끓인다. 강한 신맛과 걸쭉한 국물을 원하면 호밀 액체의 가라앉은 부분까지 모두 넣는다.

4 3이 끓어오르면 준비한 면을 넣는다. 면이 완전히 익으면 불을 끄고 오레가노를 넣고 저어준 다음 대접한다.

* 두부/콩고기/비건 소시지가 있다면 3에 넣는다.

요리

남편과 나는 서로 알게 된 지 일 년 남짓 만에 결혼했다.
 남편은 한국말을 전혀 못 했고 내 영어 실력은 먹고 자고 쌀 수 있는 정도였다. 세상만사에 관한 본격적 토론은 불가능한 수준이었으니, 결혼 전 상대방의 정치 성향을 탐색한 적이 없고, 인생에서 중요한 게 뭔지 가치관은 어떤지 제대로 알지 못했다. '은행 빚은 지지 않는다'에 동감하며 경제 관념을 가늠한 정도다. 지금 생각하면 결혼에 임하는 태도가 참 안일했다 싶은데, 다행히 큰 마찰 없이 팔 년 넘게 붙어 지낸다.

자잘한 충돌은 있다. 남편은 수돗물을 아무렇지 않게 흘려보냈고 전자레인지에 식은 커피를 데워 마셨으며, 솔라닌이라는 독을 모른 채 감자 싹과 푸른 껍질을 제대로 도려내지 않았다. 그러면 나는 기겁하며 한마디씩 했다. 더불어 식사 중에 물을 마실지 말지, 양치할 때 치약에 물을 묻힐지 말지 같은 작은 습관에 참견했다. 하지만 남편이 토다토나 아보카도를 냉장고에 넣으면 향이 사라진다고 아무리 주의시켜도 나는 깜박하기 일쑤였다. 언젠가는 프라이팬 코팅이 벗겨져 못 쓰게 된 걸 서로 탓으로 돌리다가 침묵시위로 이어지기도 했다. 불에 탄 고기는 암을 유발한다는, 한국인들은 다 아는 상식에 남편이 비웃음을 날렸을 땐 정말 기가 막혔다. 내가 남편에게 감자 껍질은 먹으면서 새우 껍질은 왜 안 먹느냐고 하면, 남편은 새우 껍질도 먹으면서 어떻게 고구마, 복숭아, 사과 껍질은 벗기고 먹냐고 대꾸했다.

하지만 이 모든 흠집 내기는 밥상에 앉으면 사라진다. 깻잎에 밥과 마늘장아찌를 싸 먹으며 반달 눈을 만들고 김치 송송 썰어 넣은 청국장찌개를 나눠 먹을 때면, 이보다 입맛이 맞는 사람을 만날 수 없을 것만 같다. 그리고 이 모든 음식이 식물성이라는 사실은 나를 더 놀라고 기쁘게 한다. 결혼하고 나서야 서로를 알아가는 우리가 상대방을 설득할 필요 없이 채식에 동의한 건 축복이었다. 한 끼 식사를 준비하며 고기와 채소 요리를 따로 하지 않아도 되니 감사하고, 의지가 약한 나로서는 동지가 곁에 있어서 다행이다.

우리 둘 다 직접 음식을 만들어 자기 배를 채울 줄 아는 것도 불평 없는 채식 생활에 한몫한다. 남편은 주로 미국과 멕시코 음식에 피에로기나 다양한 카레를 즐겨 만들고, 나는 한식이나 국수 요리를 만든다. 머리 둘과 손 넷이 합심해 요리하니 부엌일이 수월하다. 대신 요리는 따로 한다.

결혼하고 첫 주말 몇 번은 부엌에서 전쟁을 치렀다. 남편이 부리토와 샐러드를 만드는 동안 내가 양배추 절임과 김밥을 만들거나, 남편이 추수감사절 요리(칠면조 구이, 스터핑, 감자 샐러드, 익힌 깍지콩, 크랜베리 잼, 스콘, 호박파이 등)를 하는데 하필 그날 배추랑 총각무를 사는 바람에 내가 김장하는 식이었다. 서로 이런저런 요리를 해주겠다며 달려들었으니, 칼도 도마도 냄비도 가스레인지도 남는 게 없었다.

참 이상하다. 엄마 집 부엌에서는 어른 네댓 명이 움직여도 일사불란 전혀 문제가 안 되니 말이다. 아마도 엄마 부엌에서는 보스가 하나라서 그렇겠지. 결국, 요리하는 시간을 나눠 쓰는 건 우리가 신혼 때 터득한 싸우지 않는 지혜다.

한 집에 보스가 둘씩이나 있어 자리다툼이 있을지언정 집에서 채식하는 데는 문제가 없다. 거의 매 끼니를 집에서 먹는 우리로서는 주체적인 요리사가 많을수록 식생활에 도움이 된다. 그런데 남편이나 내가 요리에 재주가 있는 건 아니다. 좋아하는 건 잘하는 것과 다르니까. 그렇다고 우리 집 요리에 특별히 내세울 만한 점이 있지도 않다. 소금 간은 최소한으로 하고 설탕은 제과제빵이나 카레에만 쓰니 누군가는 밍밍하다고 평가할 수 있다. 그런데 남편과 나는 끼니마다 맛있게 먹는다. 솔직히 아주 가끔 맛이 없을 때도 있다. 뭘 만드는지도 모르고 재료를 섞다 보면 이게 뭔가 싶은 음식이 되기도 한다. 다만 우리가 고르거나 기른 재료로 직접 만들어 먹기 때문에 밥맛이 좋은 것 같다. 차려진 밥상 앞에서 반찬 타박하는 사람이 없는 것도 식사 시간이 즐거운 이유다.

우리는 여전히 깊은 대화를 잘 나누지 않는다. 처음에는 이런 얕은 대화가 우리 삶을 빈약하게 만드는 건 아닐까 생각했다. 하지만 곧 우리가 워낙 얕은 사람들이라는 걸 깨달았고, 그게 사는 데 크게 문제 되지 않으며, 그렇다고 우리 삶이 가치 없는 건 아니라고 믿기로 했다.

팔라펠 falafel

가끔 기분이 나면 아랍 음식을 만든다. 삶은 콩을 으깨서 허무스나 풀 같은 스프레드를 만들고, 파슬리와 올리브유 향이 퍼지는 토마토 샐러드 타불레를 준비한다. 여기까지는 쉽다. 하지만 뭔가 아쉽다. 그럼 남편이 피타 빵 반죽을 만들기 시작한다. 빵 만들려면 시간이 좀 걸리니, 나는 오랜만에 코샤리까지 도전해본다.

아랍 음식을 좋아하게 된 계기는 말레이시아의 한 식당이었다. 말레이시아는 인구 약 60%가 이슬람교도다. 공공장소에서 모스크나 기도실을 찾기 쉽고 할랄 식당도 많아 아랍인들에게 매력적인 여행지다. 당연히 아랍식당도 많다. 나는 그중 한 곳에서 담백하면서 알싸한 아랍 음식을 맛보았고 바로 반해버렸다.

그리고 얼마 후 말레이시아에서 사귄 친구 라라가 나에게 팔라펠을 좋아하느냐고 물었다. 그렇다고 말하며 아는 척하고 싶었지만 사실 그때까지 두어 번 먹어봤을 뿐, 이름도 제대로 말할 줄 몰랐다. 나는 그때 처음으로 라라에게 병아리콩이라는 단어를 들어 보았다. 세상에 이런 예쁜 이름을 가진 콩이 있다니! 콩 생김새가 병아리 머리를 닮아 붙은 이름이라고 한다. 라라는 팔라펠이 병아리콩으로 만들었으며, 유럽에서 채식인들에게 인기가 많다고 말해주었다.

그 뒤 유럽에 가보니 라라 말대로였다. 바르샤바 중심가는 물론 집 근처에서도 어렵지 않게 케밥 식당을 찾을 수 있었고, 이런 가게들은 어김없이 팔라펠도 팔았다. 팔라펠은 병아리콩(이집트에서는 누에콩을 주로 사용)을 으깬 뒤 둥글게 모양을 잡아서 튀긴 음식이다. 샐러드, 타히니 소스 등과 어울려 먹거나 빵에 싸 먹는다. 보통 팔라펠 전용 틀에 반죽을 넣고 모양을 잡지만, 우리는 틀이 없고 기름을 적게 쓰고 싶어서 팬에 납작하게 지져 먹는다.

재료 [4인분]

말린 병아리콩 1컵
피망/파프리카 1/4 조각
양파 1/2개
마늘 4쪽
파슬리 한 움큼
올리브유 1/2컵
큐민 가루 1작은술
파프리카 가루 1작은술
소금 1/2작은술

만들기

1 병아리콩은 여섯 시간 이상 물에 불린다.

2 가볍게 씻은 병아리콩과 모든 재료를 믹서에 넣고 간다. 아주 고운 것보다 콩 덩어리가 씹힐 정도가 좋다. 채소를 먼저 넣으면 수분이 나와서 좀 더 갈기 쉽다. 믹서가 잘 돌아가지 않으면 올리브유를 조금씩 넣는다. 올리브유 대신 물을 써도 되지만, 물기가 너무 많으면 모양 잡기가 어려우니 주의한다.

3 중간 불에 팬을 올려 데운 다음 기름을 두른다. 반죽은 지름 10cm에 두께 1cm 정도로 둥글납작하게 모양을 잡아서 지진다. 먹음직스러운 갈색이 돌 정도로 앞뒷면을 굽는다.

* 반죽에 수분이 많고 쉽게 부서지면 밀가루를 조금씩 섞어서 되기를 조절한다.

* 팔라펠은 샐러드/타불레/각종 소스와 어울려 피타/토르티야에 싸 먹는다. 버거에 패티 대신 넣거나 간단히 샐러드에 올려 먹을 수도 있다. 먹다 남은 팔라펠을 라면에 넣어 볼 만도 하다.

허무스 hummus

병아리콩은 단백질과 식이섬유 함량이 높고 지방은 적어 채식인들의 사랑을 받는다. 게다가 엽산을 비롯한 비타민 B군과 인, 철분, 아연, 마그네슘, 칼륨, 칼슘 등 미네랄도 알차게 가졌다. 하지만 아무리 몸에 좋아도 맛이 우선이다. 병아리콩은 씹는 맛이 밤과 비슷하고 특이한 냄새가 없어서 샐러드, 카레, 수프 등 다양한 요리와 잘 어울린다. 아무런 간을 하지 않아도 고소하면서 담백하고 쉽게 포만감을 주니 간식으로도 좋다.

인도에서는 병아리콩으로 카레나 튀김, 디저트를 만들고, 지중해 연안과 아랍 문화권에서는 팔라펠과 허무스 등을 만든다. 허무스는 삶은 병아리콩에 몇 가지 양념을 넣어 곱게 간 스프레드로, 빵, 크래커, 단단한 채소 등과 어울려 먹는다.

재료

말린 병아리콩 1컵
마늘 4쪽
참깨 2큰술
올리브유 5큰술
레몬즙 1큰술
소금 1/4~1/3작은술

[토핑 선택]
파슬리 한 줌
올리브유 1큰술
파프리카 가루 1작은술

만들기

1 여섯 시간 이상 물에 불린 병아리콩을 물 3컵과 함께 끓인다. 완전히 익히는 데 45~60분 정도 걸린다. 콩을 건져 한 김 식힌다.

2 병아리콩과 모든 재료를 믹서나 푸드프로세서에 넣고 곱게 간다. 기계가 잘 작동할 만큼만 콩 끓인 물을 조금씩 넣는다. 반죽 되기는 고추장보다 약간 묽은 정도(빵에 발라 먹었을 때 흘러내리지 않게 되직하면서 부드러운 정도)면 된다.

3 토핑을 원하면 다진 파슬리, 올리브유, 파프리카 가루 등을 뿌려서 대접한다.

* 달지 않은 빵/토르티야 칩/셀러리/당근/피망/오이 등을 허무스에 찍어 먹는다. 또는 김밥/버거/샐러드/샌드위치/토르티야 랩 등에 소스로 활용한다.

* 병아리콩 삶은 물은 아쿠아파바aquafaba라고도 부른다. 거품기로 저으면 머랭과 비슷해지는 성질이 있어 제과제빵에서 달걀흰자 대신 쓴다.

풀 ful [누에콩 스프레드]

몇 해 전, 이집트를 방문했을 때 어느 식당을 가든지 맛볼 수 있는 음식이 있었다. 허무스와 비슷한 콩 스프레드인데 허무스보다 색깔이 짙고 질감은 더 가벼우면서 부드럽고 살짝 매콤한 맛이 있었다. 뭘 알고 주문한 건 아니지만 거의 매번 주요리에 딸려 나오던 그 음식이 풀이었다. 길게는 풀 무다마스라고도 부르는데, 코샤리와 함께 이집트인 밥상의 주요 음식으로 꼽힌다.

본래 풀은 익힌 누에콩으로 만들지만, 주변에서 쉽게 찾을 수 있는 아무 콩으로 만들어도 좋다. 우리는 단맛이 강한 강낭콩이나 블랙아이드 피스를 쓴다. 익힌 콩만 있다면 만드는 법도 간단하다. 콩을 으깨고 마늘과 올리브유, 레몬, 큐민, 고추 등을 섞으면 된다. 재료는 몇 가지 안 되지만 제각각 특유의 맛과 향이 강해서인지, 풀은 빵이나 팔라펠이 목으로 술술 넘어가게 하는 마술을 부린다.

재료

푹 익힌 콩 두 컵*
마늘 4쪽
올리브유 3큰술
레몬즙 1큰술
큐민 가루 1/2작은술
소금 1/4~1/3작은술

(선택)
매운 고추 1개
파슬리 한 줌

[토핑]
파/오이/토마토/올리브

* 말린 콩 3/4컵 정도를 하룻밤 불렸다가 삶는다.

만들기

1. 익힌 콩은 물기를 빼서 으깨고, 마늘과 고추는 곱게 다진다. 파슬리는 잘게 썬다.
2. 으깬 콩과 모든 재료를 섞는다. 이때 올리브유는 2큰술 정도만 넣고, 나머지 올리브유는 토핑으로 쓴다.
3. 파/오이/토마토/올리브 등 취향에 맞게 썬 토핑을 올리고, 피타 빵이나 다른 요리에 곁들여 먹는다.

* 고추 대신 고춧가루를 써도 되고, 맵지 않게 하려면 고추는 뺀다.
* 피타 속에 풀/잎채소/샐러드/볶음밥/팔라펠/각종 소스를 넣어 먹는다. 피타 대신 토르티야나 일반 식빵을 써도 좋다. 풀은 넉넉히 만들어 냉장 보관하고, 토스트 위에 발라서 가벼운 아침 식사로 대신한다. 이때 오이나 토마토를 썰어 올리면 든든한 오픈 샌드위치가 된다.

코샤리 Koshary / Kushari

코샤리를 완성하려면 부엌에 있는 냄비는 죄다 꺼내 써야 한다. 밥에 넣을 두 가지 콩과 파스타, 여기에 어울려 먹을 매콤한 토마토소스와 튀긴 양파까지 만들어야 하기 때문이다. 하지만 이 야단법석을 버텨낸다면, 기본 밥 짓기를 좀 못 해도 얼추 이집트 밥상 느낌을 낼 수 있다. 매콤한 토마토소스와 튀긴 양파가 어눌한 요리 솜씨를 가려주기 때문이다.

코샤리는 기본 재료로 렌즈콩을 쓰고 여기에 삶은 병아리콩도 함께 대접하니, 다른 반찬거리를 따로 준비하지 않아도 상차림이 훌륭하다. 또, 뷔페식으로 차려 놓으면 잔칫상에 올려도 그럴듯한 요리가 코샤리다. 향신료를 최소한으로 쓰는 점도 마음에 든다. 큐민과 고수 씨앗 가루 중 하나만 쓰면 되는데, 예닐곱 가지 향신료를 섞은 요리보다 그 향이 더욱 강렬하게 느껴지니 신기하다. 기름에 지지고 볶은 탓에 그 맛이 싱그럽다고 하긴 어렵지만, 풍성하고 향긋함만은 보장된다.

재료 [6인분]

[코샤리]
바스마티 쌀 2컵
렌즈콩 1컵
소금 1/2작은술
고수 씨앗 가루 1/2작은술 *
파스타 2컵

(선택)
삶은 병아리콩 2컵

* 큐민으로 대체 가능

[토마토소스]
양파 1개
마늘 8~10쪽
고춧가루 3~4큰술
고수 씨앗 가루 1.5작은술
토마토 5~7개(또는 토마토 페이스트 350g)

[양파 튀김]
양파 1개
밀가루 2큰술
소금/후추 약간
식용유 1/3컵

만들기

[코샤리]

1 중간 불에 크고 납작한 냄비를 올려 기름 1큰술을 두르고, 쌀/렌즈콩/소금/고수를 넣고 5분쯤 볶는다.* 3~4컵의 물을 넣고 20분쯤 삶다가 물이 쌀 높이로 줄어들면 불을 약하게 줄이고 15분쯤 뜸을 들인다.

2 뜸 들이는 중간에 쌀과 콩 맛을 보고 필요에 따라 물을 조금 더 넣되, 완성 후 밥은 고슬고슬하도록 한다. 냄비 바닥에 물이 거의 사라지면 불을 끄고 뚜껑을 덮어둔다.

3 파스타는 조리법대로 삶아 체에 밭친다. 원하면 삶은 병아리콩도 미리 준비해둔다.

* 쌀은 바스마티 쌀 대신 찰기가 없는 얇고 긴 재스민 쌀이나 롱 그레인 라이스를 쓸 수 있다. 다만, 쌀과 렌즈콩은 종류에 따라 익는 시간이 다르므로 식품 포장의 조리법을 참고해 조리 시간과 물의 양을 조절한다. 만약 한 가지가 다른 것보다 조리 시간이 길 경우, 먼저 익히기 시작한다. 참고로 긴 쌀의 조리 시간은 종류에 따라 15~45분, 렌즈콩은 20~30분으로 다양하다.

[토마토소스]

1 밥을 짓는 동안 토마토소스를 준비한다. 작은 냄비에 잘게 다진 토마토/양파/마늘과 고춧가루/고수 가루를 넣고 볶은 다음 뚜껑을 닫고 중간 불에서 끓인다. 물과 기름 없이 토마토에서 나오는 물로 끓이면 된다.

2 10분 뒤 불을 조금 줄이고 수분이 거의 없어질 때까지 졸인다. 밥 위에 얹어 먹으니 수분이 좀 남아도 괜찮다. 원하는 때에 불을 끄고 입맛에 맞게 소금과 후추를 넣는다. (생토마토 대신 토마토 페이스트를 쓰면 끓이는 시간을 줄일 수 있다.)

[양파 튀김]

1 양파 튀김으로 쓸 밀가루 1큰술(원하면 소금/후추 추가)을 접시에 준비한다. 작은 냄비를 중간 불에 올리고 식용유를 붓는다.

2 얇게 채 썬 양파를 밀가루에 굴리면서 묻힌 뒤, 달궈진 기름에 튀긴다.

[대접하기]

1 코샤리 밥을 그릇에 반쯤 담고 그 위에 파스타, 병아리콩, 토마토소스, 양파 튀김을 올린다. 토마토소스는 따로 담아서 대접해도 좋다. 채 썬 오이/토마토/파 등을 고명으로 올린다. 김치와 각종 장아찌도 잘 어울린다.

피타 pita

카이로에서의 마지막 날 아침. 택시를 타고 공항으로 가는 길에 창밖으로 빵 배달하는 청년을 보았다. 그의 머리 위에는 자전거보다 길고 널쩍한 나무판이 있었고, 그 위에는 빵이 수북이 쌓여 있었다. 청년은 한 손으로 나무판을 붙들고 다른 한 손으로는 핸들을 잡고, 두 발로는 자전거 페달을 밟았다. 택시가 모퉁이를 도는 순간, 창밖을 보며 사나흘 여행은 너무 짧다고 생각했다.

청년의 머리 위에 있던, 백 개는 족히 되어 보이던 풍선처럼 부푼 둥근 빵이 피타다. 피타 빵은 지중해 연안과 아랍 지역에서 식사 때 먹는 기본 빵이다. 둥글납작하게 생겼는데 반으로 가르면 안쪽이 주머니처럼 비어 있어, 그 안에 팔라펠, 고기, 샐러드, 소스 등을 채워 먹는다. 오븐 없이 만들 수 있고 만드는 법도 간단한 편이니, 우리는 식빵이나 토르티야가 떨어졌을 때 피타를 만든다.

재료 [4인분]

- 미지근한 물 1컵
- 활성 건조 이스트 1큰술
- 밀가루 3컵
- 설탕 1큰술
- 소금 1작은술
- 올리브유 1큰술

만들기

1 이스트를 미지근한 물에 넣고 저어준 다음 10~15분 정도 둔다.

2 가루 재료를 섞은 다음 1을 넣고 반죽한다. 최소 5분쯤 반죽한 다음, 반죽 겉면에 올리브유를 뿌리고 2시간 이상 상온에서 발효한다.

3 반죽을 작업대에 올리고 8~10등분 한다. 각 반죽을 손 안에서 둥글린 다음 밀대로 민다. 두께 2cm 정도 되도록 둥글납작하게 민다.

4 중간 불에서 팬을 달군 다음, 둥글게 모양 잡은 반죽 하나를 올린다. 약 3~5분 후, 반죽 속 공기가 팽창하면서 반죽이 부푼다. 부풀기가 멈추면 뒤집어서 2~3분 정도 원하는 색이 나올 만큼 굽는다. (타지 않도록 불 세기를 조절한다.)

회사

남편은 채식 초기 몇 년 동안 사무실로 출퇴근했다.

점심이야 도시락을 준비해서 채식이었지만, 회사에서 제공하는 간식과 단체모임이 문제였다. 사무실에는 폴란드식 도넛 뺑츠키와 페이스트리가 손에 닿을 거리에 있었다는데, 남편은 그 유혹을 고집스럽게 뿌리쳤다고 한다. 심지어 폴란드 사람들이 도넛을 두세 개씩 꼭 먹는다는 사순절 직전 목요일에도 산처럼 쌓인 뺑츠키를 외면했다고 해서 날 아쉽게 했다. 내 것이라도 하나 싸 오지. 그렇게 남편은 명예라도 걸린 듯이 동료들 앞이면 더욱 채식을 고수했다.

그때는 회사에서 주최하는 가족 대동 모임이 잦은 편이었다. 미국에서 함께 파견되어 외국에 산다는 유대감 때문인지 적어도 한 달에 한 번은 모였다. 직원 중 누군가 곧 떠나서, 또는 새로운 사람이 왔다고, 아니면 그저 폴란드의 눈부신 여름날을 즐기자고 만났다. 회식 장소는 매번 일반 식당이었지만 채식 메뉴가 꼭 제공되었다. 회식 장소를 섭외하는 직원 카샤 덕분이었다. 카샤는 우리 부부를 위해서 식당 측에 채식 메뉴를 준비하도록 매번 부탁했다. 하지만 남편이 미국으로 전근한 뒤 카샤 같은 사람이 어디에나 있진 않다는 걸 알게 되었다.

캘리포니아의 주도인 새크라멘토 사무실에서 카샤 역할은 T가 맡았다. T는 일일이 직원들 식사 취향을 고려하지 않았다. 직원 오십여 명 중 완전 채식을 하는 사람은 남편뿐이었고, 돼지고기나 소고기를 먹지 않는 직원이 간혹 있었다. 특이하게도 이런저런 식이요법을 하는 사람이 많았는데, 철저히 글루텐을 가려낸 식단이나 탄수화물을 적으로 여기는 고단백질 식단, 지방을 최우선으로 삼는 식단 등 다양했다. 채식도 이런 여러 식습관 중 하나일 뿐이다. 그러니 T가 채식인만 특별대우할 필요는 없었다.

미국에 와보니 처음 들어 보는 식품 알레르기도 많았다. 사과를 못 먹는다는 사람부터 쌀을 먹으면 안 된다는 사람까지 있어 놀라웠다. 그래서인지 미국 식당에서는 얼마든지 까다롭게 주문할 수 있다. 치즈 두 장 더 올리고 양파랑 토마토 빼주세요, 상추는 안 돼요, 소스는 뿌리지 말고 따로 주세요, 등등. 보통 주는 대로 먹는 한국과 달랐다. 못 먹는 건 가려낼 수 있으니 각자 취향이 존중되고 선택권도 왠지 넓을 것 같다. 하지만 미국 식당에서도 대부분 메뉴는 동물 단백질 중심이다. 거기에서 고기와 달걀, 유제품을 빼달라고 하면 남는 건 상추 한 장과 토마토 한 조각 정도일 것만 같다. 그래서 남편은 회식 자리에 잘 나가지 않게 되었다.

회식이 아니라고 우리 세상인 것도 아니었다. 당시 새크라멘토 중심가에 완전 채식 식당은 한 곳뿐이었는데 푸짐함이 쏙 빠진 상차림 때문에 괜히 바가지 쓴 기분을 줬다. 물론 대부분 일반 식당은 채식 메뉴를 한두 개쯤 갖추고 있다. 가든 샐러드나 검은콩 버거, 고기 대신 두부를 넣은 요리처럼. 그런데 이렇게 체면치레로 마련된 채식 메뉴는 어느 식당이나 맛이 비슷하게 그저 그랬다.

시내 중심가에서 우리가 그나마 먹을만한 곳으로 태국 식당이 있었고, 외곽으로 나가면 콩고기를 쓰는 완전 채식 식당이 몇 곳 있었다. 그중 한 곳은 싸고 양이 넉넉하면서 변함없는 맛과 친절한 서비스로 우리 발길을 잡았다. 가족과 떨어져 사는 우리는 때 되면 엄마를 찾듯 이 식당으로 갔다.

새크라멘토에서 찾은 식당 중 제일 값진 발견은 시내 남쪽의 에티오피아 음식점이다. 완전 채식 식당은 아니지만, 갖은 향신료를 넣어 푹 끓인 콩 요리와 몇 가지 채소 반찬, 인제라 등으로 채식 메뉴를 선보인다. 인제라는 테프라는 곡물을 발효해 묽은 반죽을 만들고, 납작한 팬에 얇게 펴서 이삼십 초 내에 재빨리 구운 납작한 빵이다. 인제라를 처음 맛보았을 때 그 시큼한 맛에 깜짝 놀랐고, 곧 내가 이 나라 음식을 좋아할 거란 직감이 들었다. 아프리카에서도 이런 발효 빵을 먹는구나! 태국의 똠얌이나 인도의 웃따빰, 폴란드의 쥬렉, 체리로 만든 맥주 크릭 람빅이나 콤부차처럼 이 세상의 시큼한 맛을 찾는 재미가 쏠쏠하다.

더 많이 돌아다니고 다양하게 먹어봤다면 우리가 몰랐던 채식 메뉴를 찾을 수 있었을 테다. 하지만 우리는 단골 식당 두어 군데에 만족했다. 미국에 오자 외식비가 껑충 뛰었고, 슈퍼마켓에 가면 식물성 가공식품이 많았기 때문에 집에서 바깥 음식을 먹는 기분을 낼 수 있었다. 외식은 일주일에 한 번으로 줄고 가공식품 구매가 늘었지만, 그런대로 채식은 잘 돌아갔다. 내가 영어 수업을 듣고 아르바이트하기 전까진 말이다.

나는 어릴 적 뭐가 되고 싶다는 꿈은 없었지만 해보고 싶은 건 좀 있었다. 그중 하나가 외국에서 언어 공부하기였다. 하지만 그럴 돈이 없었다. 혹시 돈이 생기면 공부보다 여행에 썼고, 장학생은 딴 세상일로 여겼다. 그런데 마흔을 앞둔 나이에 구글에서 손가락을 헛디디는 바람에 공짜로 영어를 배울 기회가 생겼다. 캘리포니아의 비싼 세금 중 일부가 이민자의 무상 영어 교육에 쓰이고 있었고, 나도 그 덕을 좀 보기로 했다. 우리 반 학생 수는 스무 명 남짓이었고 내 나이는 평균에 불과했다.

우리는 한 달에 한 번 각자 음식을 싸 와서 나눠 먹곤 했다. 거의 모든 음식에 동물성 재료가 쓰였으므로 진정한 비건이라면 눈길도 주지 않을 일이다. 그런데 여기서 놓치면 안 될 사실이 세 가지 있다. 첫째, 이 모든 음식은 불과 몇 달 전까지 그 나라에 살았거나, 미국에서 몇십 년 동안 자국 문화를 유지한 이민자들의 솜씨다. 둘째, 이렇게 앉은 자리에서 돈도 들지 않고 세상 음식을 맛볼 기회란 흔치 않다. 셋째, 내가 동물성 식품을 못 먹어서 안 먹는 건 아니다.

우크라이나에서 태어나 터키에서 설계를 공부한 알란은 닭고기를 넣은 쌀 요리 필라프를 만들었다. 같은 나라 출신인 올가는 감자 만두 바레니키와 비트로 만든 수프 보르스트를 가져왔다. 벨라루스인 옥사나는 양배추 말이 갈룹치를, 나탈리아는 러시아식 달콤한 치즈 볼 한 상자를, 이집트계 미국인 선생은 자기가 가장 좋아하는 디저트라며 바클라바를 만들었다. 여섯 아이를 데리고 시리아를 탈출해 예멘을 거쳐 도미한 야라는 허무스를 곁들인 팔라펠과 향긋한 샐러드 타불레, 포도잎 말이 사르마에 초콜릿 디저트까지 만들어 왔다. 라지 아저씨는 부인이 만들어준 네팔식 만두 모모를 가득 싸 왔다. 모두가 좋아하는 일본인 수에코는 일본식 카레와 초밥을, 멕시코인 비앙카는 내가 꼭 먹어보고 싶던 타말레를 준비했다.

새크라멘토 변두리 학교에서 세계인의 잔칫상이 공짜로 펼쳐졌다. 이걸 안 먹는 건 내 모험심에 죄가 된다. 언젠가 수업 중에 채식한다고 말한 적이 있어서 닭고기를 집는 순간 얼굴이 화끈거렸지만, 세상 요리를 맛볼 수 있다는 흥분을 누를 만큼은 아니었다. 그래서 나는 친구들이 마련한 음식을 한 가지도 빠짐없이 먹어보았다.

그렇게 영어 수업을 받고 세계 음식 향연을 즐기던 중 더 큰 고비가 찾아왔다. 한 프랑스 디저트 카페에 커피 한 잔 사러 들어갔다가, 어디에서 용기 바람이 불어왔던지 그만 이력서를 놓고 왔다. 프랑스 제과제빵을 배웠던 경력 덕분에 바로 연락이 왔고 며칠 뒤 일을 시작하게 되었다. 꿈은 커서 제빵사로 지원했건만, 미국 운전면허증이 없는 타람에 집에서 걸어갈 수 있는 분점의 홀 직원으로 고용됐다.

빵 반죽 못 만지는 건 아쉬워도 내가 하게 될 모든 일이 기대됐다. 빵을 진열하고 포장 상자를 접어서 쌓고 어서 오세요, 하고 인사를 건네고 계산대를 두드리고 빈 그릇을 걷어 설거지통에 넣었다가 세척기로 옮기고 바닥을 쓸고 닦고. 무엇보다 내가 현지인들과 영어로 얼마나 소통할 수 있는지 궁금했고, 에스프레소 기계 다루는 법과 라테아트가 욕심났다. 커피믹스보다 걸쭉한 에스프레소 음료를 좋아하고, 카페에 앉아 일하고 책 읽던 버릇 때문인지 카페는 물론 카페에서 하는 모든 일이 나에겐 로망이었다.

　나는 람과 함께 일하는 게 좋았다. 서비스 업종에서 십 년 넘게 일한 람은 이 가게에서 가장 오래 일한 직원이었다. 며칠 같이 일하며 보니 손님들은 열이면 열, 람에게 웃음과 만족의 눈빛을 보낸다는 걸 알았다. 심지어 단골 진상 아저씨마저 람이 만든 카푸치노만 원했고, 그와 농담 주고받는 걸 즐겼다.

　람은 손님에게 이름을 물어보곤 했는데, 가만히 보면 그 이름들을 다 기억하는 것 같았다. 그는 주문한 빵이 데워지길 기다리거나 잔돈을 챙기면서 오늘 하루는 어땠는지, 특별한 계획이 있는지 묻고, 빵을 봉투에 담은 다음 '계산은 세미아가 해드릴 거에요.'라던가, '커피는 우리 크리스털이 정말 잘 만들어요.' 하면서 손님을 다음 단계로 자연스럽게 안내했다. 그런 람의 한마디는 매대 안쪽의 점원과 바깥쪽의 고객 사이를 한껏 좁혀주었다.

　어느 날 깨끗한 행주가 똑 떨어졌을 때, 람은 쓰던 행주들을 식기세척기에 넣어 삶아버리듯 빨아줬고, 포장 상자가 바닥이 났을 땐 어떻게 알았는지 출근길에 사 와서 모두가 한숨 돌리게 했다. 프로 농구 게임이 갑자기 취소된 날이나 가게 근처에서 총기 사고가 난 다음 날처럼 거리가 너무 한적할 때면 람은 나를 일찍 집으로 보냈다. 그럴 때면 친구 같던 람에게 사장의 그림자를 느꼈다. 때때로 화장실을 확인하고 청소해야 하는 걸 람은 말이 아닌 행동으로 보여주며, 할 일 다 끝났다고 생각하던 나를 긴장하게 했다. 람을 보는 것 자체가 배움이었고, 후일 나는 김치 장사를 하며 그에게 다시 고마움을 느꼈다.

　고객 응대는 물론 업무 능력, 심지어 라테아트까지 람이 회사에서 최고였다. 하지만 커피 음료 만드는 기술을 가르치는 건 본점의 리즈가 제일이었다. 너도 이제 커피를 배워도 좋다는 사장의 말이 떨어진 다음 날, 나는 영어 수업이 끝난 뒤 같은 반 친구의 우버 영업용 차를 얻어 타고 본점으로 갔다. 그날 나는 리즈에게 커피콩 가는 기계를 얼마나 미세하게 조작해야 하는지, 매끈한 우유 거품을 결정하는 온도와 시간, 거품기의 각도 등을 배웠다. 그 뒤 몇 주 동안은 유튜브에서 라테아트 교육 영상을 보며 잠들고 출근을 고대했다.

그런데 먹어보지 않은 빵을 남들에게 맛있다고 권해도 될까? 안 되지! 내가 생각하는 프랑스 빵의 기본은 바게트 다음으로 크루아상이다. 우리 가게에서 파는 크루아상 모양은 여느 미국 슈퍼마켓에서 봐온 (발효 시간이 너무 길어서 힘없이 퍼지고, 굽다 말았는지 색이 누리끼리한) 넙죽이 크루아상과 차원이 달랐다. 산뜻하고 가벼운 초승달 모양에 또렷한 갈색이 돌고 달걀물을 발라서 매끄러웠다. 초승달 한쪽 끝을 뜯어보니 뜨겁게 달아오른 버터에 닿은 반죽이 그 열기에 놀라 겹겹이 벌어져 있었다. 그걸 와삭 씹으니 예상대로 살짝 단맛이 났다. 나는 가게의 빵과 케이크를 하나도 빠짐없이 맛볼 기세로 출근했고, 손님들에게 다양한 메뉴를 자신 있게 권했다. 사실 우유와 버터 냄새가 비렸지만, 그 정도는 눈 깜짝 않고 맛이 아주 좋다고 말할 수 있었다.

매주 두 번 블랙커피와 딸기 생크림 케이크를 즐기는 할머니 손님과 친구가 되었을 즈음, 내 라테아트도 참담한 수준을 벗어나게 되었다. 일 배우며 돈 벌고 친구도 사귈 수 있으니 내 삶에 활기가 넘칠 만했다. 하지만 몸에는 야릇한 변화가 왔다. 언젠가부터 왼쪽 어깨 언저리가 매우 간지러웠다. 어깨를 긁다가 문득 팔뚝을 보니 한동안 사라졌던 닭살이 다시 돋아 있었다. 그리고 내 방귀 냄새는 어느 때보다 지독했다.

밖에서 꼬박꼬박 간식을 챙겨 먹다 보니 집에서도 자기 전까지 식품 창고를 뒤지며 몸을 괴롭혔다. 설탕 중독이었다. 나는 '아, 인제 그만 먹어야 하는데.' 같은 영혼 없는 말로 자책했고, 남편은 당신이 자꾸 규칙을 어긴다고 핀잔을 주는 대신 빵을 집에 가져오지 않아도 된다고 점잖게 말했다. 마음 한구석이 뜨끔했으나 오늘만 먹고 보자 하는 심정으로 몇 달을 보냈다. 이 질긴 악의 고리는 남편이 회사를 관두고 우리가 새크라멘토를 떠나면서 끊어졌다.

크루아상

이사 후 페이스트리는 다시 먹을 일이 없어졌지만, 크루아상만은 여전히 생각난다. 그래서 집에서 만들기 시작했다. 식물성 버터만 있다면 크루아상도 문제없다! 버터 외에 밀가루, 설탕, 소금, 물만 있으면 된다. 만드는 법도 몇 가지만 지키면 생각보다 어렵지 않다. 반죽과 충전용 버터를 차게 유지하는 게 중요한데, 반죽은 미리 만들어 하룻밤 정도 냉장하고, 성형할 때 반죽과 버터 온도가 오르기 전에 재빨리 끝내면 모양도 꽤 그럴듯하다.

재료

활성 건조 이스트 1큰술, 미지근한 물 1/2컵
밀가루 3컵, 소금 1작은술, 설탕 1/3컵, 물 3/4컵, 식물성 버터 1.5큰술
식물성 버터 130g (충전용)

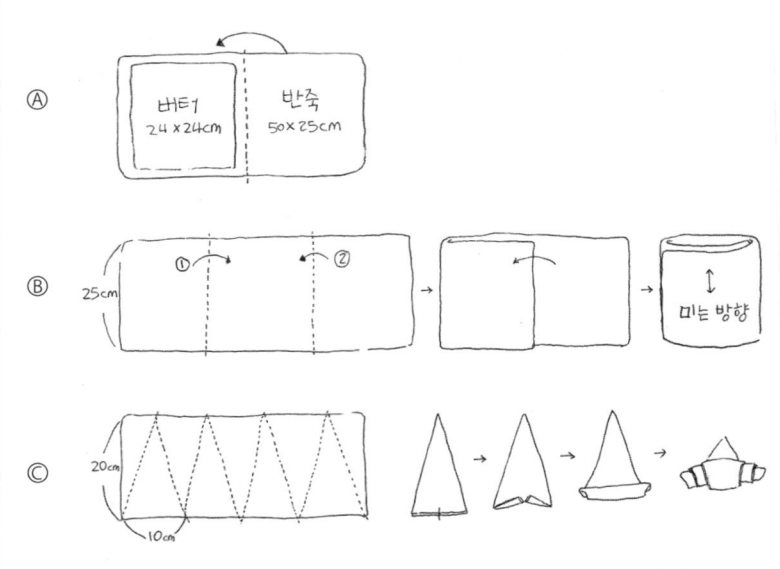

만들기

1 미지근한 물에 이스트와 설탕(총 1/3컵 분량 중 한 숟갈 정도)을 넣고 살짝 섞는다. 거품이 생길 때까지 10분 정도 둔다.

2 반죽 그릇에 밀가루, 소금, 나머지 설탕, 버터 1.5큰술을 넣고 손으로 버터를 부수면서 밀가루와 고루 섞는다. 여기에 1과 물 3/4컵을 넣고 가볍게 반죽한다. 재료가 매끄럽게 뭉쳐지면 둥글게 말아서 반죽 두 배 크기 되는 밀폐 용기(또는 봉투)에 담아 냉장고에 넣는다.

3 종이 포일 두 장 사이에 버터 130g을 올려 사방 24cm 정사각형 모양으로 밀어 편다. (버터가 두꺼우면 서너 등분해서 각 조각을 붙여 납작하게 밀어도 된다.) 밀폐 용기에 종이 포일로 감싼 버터를 넣어 냉장한다.

4 6~10시간 정도 냉장한 반죽 2를 가로 50cm, 세로 25cm 직사각형으로 밀어 편다. 반죽 왼쪽에 냉장한 버터를 올리고, 반대쪽 반죽을 접어서 버터를 감싼다. 반죽 세 모서리를 손가락으로 꼼꼼히 눌러서 봉한다. (그림 Ⓐ)

5 반죽을 직사각형(가로 60cm, 세로 25cm 정도)으로 밀어 편 다음, 가로로 길게 놓고, 왼쪽 1/3 지점을 접어 가운데 쪽으로 덮고, 오른쪽 1/3도 접어 올린다. 이렇게 직사각형으로 밀고 양쪽 날개를 가운데로 접는 과정을 총 세 번 한다. (그림 Ⓑ)

6 5를 약 3~4mm 두께로 넓게 밀어 편다. 그다음 높이 20cm, 밑변 10cm 정도의 이등변삼각형 모양으로 반죽을 모두 자른다. 각 삼각형 밑변 중앙에 1cm 길이의 칼집을 낸다. 칼집을 중심으로 양쪽 반죽을 (꼭짓점을 향해) 돌돌 말아 올린다. (그림 Ⓒ)

7 성형이 끝난 반죽은 바로 오븐 팬에 올린다. 계절에 따라 상온에서 30~50분 정도 둔다. 섭씨 180도로 예열한 오븐에 넣고 갈색이 돌 때까지 12~15분 정도 굽는다.

* 반죽 접기와 성형은 버터가 녹기 전에 신속히 진행한다. 5번 과정 전후에 반죽을 30분 정도 냉장고에 넣어 온도를 낮추는 방법도 있다.

* 성형 중 반죽이 얇은 부분으로 버터가 삐져나올 수 있다. 안 그래야 모양 잡기가 수월하지만, 일단 터진 부분은 너무 괘념치 말자. 스크레이퍼로 반죽을 뒤집어서 버터가 삐져나온 부분이 안쪽으로 말리도록 성형한다. 버터가 터져서 너무 질척한 반죽이나 자투리 반죽은 따로 모아서 일정하게 모양을 잡아 굽는다. 그 안에 초콜릿/건포도/견과 등을 넣어 구울 수도 있다.

* 조청(또는 시럽/설탕) 1큰술과 식물성 우유 2큰술을 섞어서, 굽기 직전 반죽 윗부분에 바르거나 오븐에서 꺼내자마자 살짝 발라 색을 살릴 수 있다.

마살라 짜이

새크라멘토를 떠나기 전, 영어 수업에서 만난 라지 아저씨 집에 들러 차 한 잔을 대접받았다. 아저씨는 작은 냄비를 가스레인지에 올리고 불을 켰다. 서두르는 와중에도 계량컵에 우유와 물을 반듯하게 재고, 갈색 가루를 냄비에 넣은 다음 싱크대 옆 서랍을 열었다. 나라면 칼이나 수저를 놓았을 만한 서랍 속에는 향신료 봉투들이 있었다. 아저씨는 풀빛 색깔이 나는 작은 열매 대여섯 개를 집어 도마에 올렸다. 과도를 옆으로 눕혀서 힘을 주니 우두둑하고 마른 열매가 으깨졌다. 이때 나는 처음으로 카다멈을 보았다. 부엌에 카다멈 향이 섞인 우유 냄새가 풍겼다. 인도와 그 주변 나라에서 즐겨 마신다는 홍차 음료, 마살라 짜이다. 끓인 우유를 마신 지 오래되어 좀 역했지만, 한 모금씩 천천히 넘겼다. 아저씨 마음을 쌓듯이.

헤어질 땐 아저씨처럼 허리와 목을 굽혀 인사를 하고, 아저씨 눈매를 따라서 나도 미소 지었다. 나는 아저씨의 고향 네팔에 가본 적이 없지만, 나에게 네팔이라는 단어는 육십이 넘은 남자의 여린 눈빛과 같다. 한여름 차에 갇혀 있던 어린애가 숨졌다는 뉴스 기사에 눈물을 쏟던, 라지 아저씨 같은 사람들이 사는 곳이 아닐까 상상한다.

마살라 짜이는 다양한 향신료와 우유, 홍차를 끓여 만드는데, 지역에 따라 향신료 재료는 얼마든지 달라진다. 내 입맛에 맞는 마살라 짜이는 생강과 카다멈에 달려있다. 추운 날에는 생강을 더 넣고, 옛 친구가 그리울 땐 카다멈 양을 늘린다. 물론 기분이 울적할 땐 넉넉한 설탕이 답이다.

재료 [2잔]

물 1.5컵
식물성 우유 1컵
생강가루 1/2작은술
계핏가루 1/4작은술
카다멈 가루 1/4작은술 *
정향 가루 1/8작은술
설탕 3/4~1큰술
홍차 2작은술(또는 홍차 티백 1개)

* 카다멈 꼬투리 4개 정도로 대체 가능

만들기

1 설탕/홍차를 뺀 나머지 재료를 냄비에 넣고 중간 불에서 덥힌다. 카다먼 가루 대신 꼬투리를 쓸 땐, 도마에 올리고 칼을 옆으로 눕혀 으깬 다음 냄비에 넣는다.

2 차는 팔팔 끓이기보다 뜨거울 만큼만 덥힌다. 차가 끓기 시작하면 입맛에 맞게 설탕을 조절해 넣고 저어준 다음 불을 끈다.

3 홍차를 넣고 냄비 뚜껑을 덮은 뒤 10분 정도 우린다. 뜨거운 차가 좋다면 3번 과정 중간에 홍차를 넣어 미리 우린다.

4 거름망에 홍차/카다멈 꼬투리를 걸러내고 대접한다.

* 계피와 정향은 올스파이스 가루로 대체할 수 있다. 좀 더 매운맛이 좋다면 생강양을 늘리거나 통후추를 넣어 끓인다. 생강이나 계피는 가루 대신 생생강이나 말린 계피 조각을 써도 좋다.

* 차게 마시고 싶다면, 끓인 물 1컵에 설탕을 포함한 모든 가루 재료를 넣고 잘 젓고, 홍차를 넣어 10분 정도 우린다. 유리잔 두 개에 1/3씩 얼음을 채우고, 여기에 차가운 식물성 우유를 1/2컵씩 붓는다. 홍차 우린 물을 다시 잘 섞은 다음 (필요하면 거름망에 걸러) 두 유리잔에 나누어 붓는다.

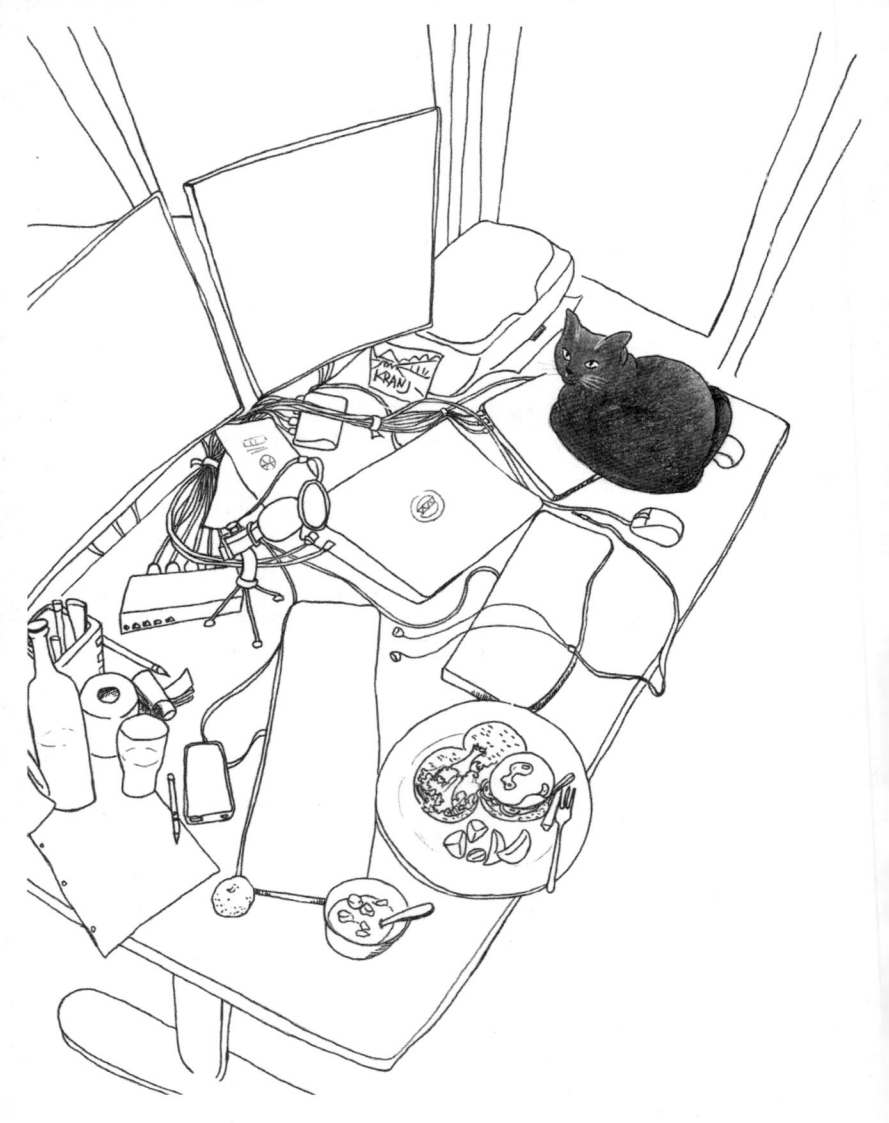

관계

 채식을 시작하고 처음 한국을 방문했을 때, 나는 새내기 채식인 관점에서 유럽과 한국을 비교하기에 여념 없었다.
 서울 거리에서 완전 채식 식당을 찾는 건 쉽지 않았다. 하지만 한식을 알기 때문에 절망적이진 않았다. 된장찌개나 순두부찌개, 들깨탕, 비빔밥, 곤드레밥, 막국수가 있었고, 골라 먹을 수 있는 채소 반찬도 풍성했다. 물론 육수나 젓갈을 쓴 김치와 반찬이 곳곳에 숨어 있었다. 돼지고기 넣은 된장찌개나 달걀 빠트린 순두부찌개를 받고 아차 싶기도 했다.

　동물 단백질 위주로 차린 밥상은 어느 나라나 비슷하다. 그나마 한식은 갖은 반찬 덕분에 채소와 고기가 조화를 이루는 편이다. 엄마 집 밥상에는 향긋하고 씹기 좋은 나물이 넘치고, 밖에 나가면 사찰음식점이나 두부 요리전문점 같은 천국도 존재한다. 한식을 생각하면 우리 조상의 슬기로움에 탄복할 수밖에 없다. 바닷속부터 산속까지 두루 살펴서 먹을 만한 것을 가려내고, 건조와 염장으로 한겨울에도 채소를 즐기는가 하면, 고사리와 도토리처럼 독성이 강한 재료마저 안전하고 맛있게 식용할 방법을 전수했으니까.

　하지만 이야기를 커피로 옮기면 달라진다. 사실 커피를 안 마시거나 취향이 블랙커피였다면 딱히 논할 거리도 없다. 그런데 하필 거품 낸 우유를 탄 에스프레소에 맛을 들여 문제가 시작되었다.
　당시 유럽에서는 어느 커피숍이나 우유를 대체할 식물성 우유가 있었다. 그런데 한국에 와보니 두유를 갖춘 커피숍은 스타벅스와 폴바셋 정도뿐이었다. 그밖에 유명한 빵집이나 커피숍 체인은 식물성 우유를 제공하지 않았다.
　채식 초기였던 나는 오랜만에 만난 친구들에게 식단 변화를 가장 큰 소식으로 전했다. 그리고 커피숍 계산대 앞에 설 때마다 난처한 표정을 보이며, 직원과 친구에게 한국 커피숍의 현주소를 확인시키려 했다.

 한번은 내가 계산대 앞에 서서 (이미 예상했으면서도) '두유가 없을 수 있다니!' 하는 난감한 표정을 만들어 지었다. 그러자 친구가 "그냥 블랙으로 마시면 안 돼?" 하는 지당한 소리를 하는 게 아닌가! 나는 답이 궁해졌으나 굴복하기 싫었다. 결국 '아, 후져.'라는 불만족을 얼굴로 내비치며 '채식=까탈'이라는 예의 이미지를 친구에게 심어주고야 말았다.

 집에서라고 달랐을까. 첫 한두 해는 부모님 댁에 가면 가능한 고기를 피해 채소만 골라 먹으며 엄마에게 근심을 안겼다. 하지만 조카 밥그릇 앞에 놓인 달걀말이는 황금을 뿌린 듯 화사했다. 기름 잘잘 흐르는 양념 통닭도 유독 나를 알은체했다. 한번 먹으면 더 먹고 싶어지고 그러다 보면 모든 게 무너질지도 모른다는 생각은 안 했다. 내가 고기를 집는 걸 보고 사람들이 하게 될 생각이 신경 쓰였지만, 나는 체면보다 욕망이 더 좋은가 보다. 달걀말이도 통닭도 다 먹어본다. 기름에 지진 달걀은 야들야들했고 통닭에 묻힌 양념은 여전히 매콤달콤했다.

 그리고 놀랍게도 닭살 맛을 느낄 수 있었다. 그 맛이 어땠는지는 채식을 하다가 고기를 먹어본 사람이라면 알만한 맛이다. '그래 이 맛이야!' 아니면 '정말 이런 맛이었어?' 둘 중 하나가 되겠는데, 맛이야 어떻든 일단 채식해 봤으니 아무렇지 않게 고기를 먹는 일은 없다. 소고기가 고기가 되기 전을 생각하고, 수육이 된 목살은 사실 돼지의 탄탄한 근육이라는 걸 상기하며, 비곗덩어리를 왜 사람 입에 넣는 걸까 곱씹게 된다. 그리고 이런 마음으로 고기를 씹다 보면 어김없이 이물질을 먹는 기분이 든다.

내 생각이 들렸던 걸까, 부모님은 가리지 말고 고루 먹으라는 말씀을 꼭 한다. 콩만 먹고는 안 된다, 고기에서 얻는 단백질은 다르다, 고기를 안 먹으니 네가 힘을 못 쓰는 거야, 먹고 싶은 건 먹고살아야지, 라고 할 때도 있다. 우리는 당연히 먹고 싶은 거 먹고산다. 그 안에 고기가 없을 뿐이다. 동물성 식품을 사지 않으면 요리할 수 없고, 식탁 위에 없어서 먹지 않다 보면 먹고 싶은데 참는 일도 생기지 않는다. 우리 신념이 가족에게 존중받지 않는 것 같아 섭섭했고 함께 밥상 앞에 앉으면 마음이 불편했다.

하지만 채식과 육식에 대한 논쟁은 안 하는 편이다. 누군가 내 단백질 섭취 부족을 걱정하면 걱정하게 놔두었다. 그들 때문에 내가 다시 고기 위주로 먹지 않는 것처럼, 내 혀로 그들 고정관념을 바꾸기 어려운 것도 잘 안다. 어차피 나는 논리정연하게 설명하거나 조리 있게 설득할 능력도 없다. 사람들이 우리 부부의 영양 상태를 우려하는 것만큼 우리는 고기와 달걀, 유제품을 달고 사는 그들의 건강을 걱정한다. 항생제와 호르몬제로 기른 식품으로 꾹꾹 채워진 그들의 장기와 혈관이 불안하다. 서로의 식습관이나 건강을 진심으로 생각한다면 조금만 검색해 보면 된다. 인터넷 접속은 밥 먹기보다 쉽고 정보는 널렸으니까.

그렇게 이삼 년쯤 보내고 나서야 깨달았다. 누군가에게 우리가 먹고 싶은 요리를 해주길 바라는 게 욕심이라는 걸. 우리 집에 누가 놀러 온다고 고기 요리를 해줄 것도 아니면서 남의 집 가서 고기 요리만 있다고 투덜거릴 수 없는 노릇이었다. 이 사실을 이해하자 마음이 좀 편안해졌다. 놀러 간 우리에게 자기들 먹는 대로 대접해 놓고, 우리 집에 와서는 자기들 먹던 걸 고집하는 아집도 그러려니 하고 넘길 수 있게 되었다.

모든 음식은 귀하고 차린 정성은 감사하다. 그래서 주어진 대로 먹기로 했다. 엄마는 고기든 채소든 몸에 좋다고 믿어 의심치 않고, 가족들 배를 불린다는 기쁜 마음으로 음식을 만든다. 그렇게 우리 앞에 놓인 음식을 남편과 나는 감사히 먹기로 했다. 동시에 우리 몸의 욕구에도 솔직해지기로 했다. 먹고 싶으면 먹고 먹기 싫으면 안 먹기로. 물론 부모님 댁에서는 마음대로 될 일이 아니긴 하다.

얼마 전 서울에 갔을 때 엄마가 만들어주시는 대로 먹었다. 서해안 항구도시에서 자란 엄마는 밥상에 해산물을 빼놓지 않는다. 오이를 썰어 넣은 오징어 초무침과 차례상에 올렸던 찐 조기, 바싹 구운 병어는 맛있게 먹었다. 하지만 양념게장은 내 입맛에 비렸고 소고기 토란국도 누린내 때문에 먹기 어려웠다. 그런데 우리가 주어진 대로 먹자 엄마는 우리 그릇에 고기를 더 넣어주셨다. 국그릇에 국물보다 고기가 더 많아 보였다. 나야 다른 가족들 그릇으로 고깃덩이를 옮길 수 있었지만, 남편은 주어진 대로 먹어야 했다. 하루는 아침 식사를 준비하면서 엄마에게 말했다.

사위 그릇에 고기 좀 덜 주시면 좋겠어요.

그랬더니 엄마는 국그릇 바닥에 소고기 덩이를 숨겨서 내놓았고, 남편은 여느 때처럼 그릇을 깨끗이 비웠다.

그리고 집에 돌아오면 아무렇지 않게 다시 채식이다. 우리 둘 다 집에서 일하니 바깥 음식 먹을 기회는 일부러 만들어야 한다. 그런데 몇 해 전 새크라멘토를 떠나서 이사 온 이곳에는 채식 전문 식당이 하나도 없다. 오랜만에 부엌일을 좀 쉬고 싶거나 큰마음 먹고 고기라도 좀 먹어볼까 해도 갈 만한 음식점이 별로 없다. 어떤 사람이 미국 동쪽에서 히치하이크로 서쪽 해안까지 여행했는데, 그가 제일 맛없는 음식의 고장으로 그랜드정

션이란 도시를 꼽았다고 한다. 그게 우리 동네다. 그렇게 본의 아니게 외식은 자연스럽게 줄었다.

　그래도 고기반찬이 없다고 투정하는 일 없고, 장 보면서 정육점을 기웃거리지도 않는다. 하던 대로 과일과 채소부터 견과류와 두부에 곡물빵, 버거 패티, 식물성 우유 등 가공식품까지 두루 사고 그 안에서 다양하게 요리해 먹는다. 매일 집밥만 먹다 보면 요리하기 싫은 날이 있고 뭐 해 먹을까 걱정하긴 해도, 육식으로 돌아갈까 고민한 적은 아직 없다. 어쩌다 육식하면서 맛있다고 느낀 순간조차 그걸 매일 먹던 예전으로 돌아가고 싶은 생각은 안 든다.

　우리가 채식을 후회한 적이 없는 이유는 육식에 유연하게 대처하자는 마음가짐이 유효했기 때문인 것 같다. 원하면 고기를 먹을 여지를 두었으니, 채식도 쉽게 포기할 이유가 없었다. 완벽하지 않지만 꾸준히 할 수 있는 이 어중간한 길이 지금의 우리와 맞는다.

밥 타불레

타불레Tabbouleh는 지중해 동부 연안 지역에서 즐겨 먹는 샐러드다. 잘게 다진 토마토와 양파, 파슬리, 박하 잎, 벌거가 주재료며, 올리브유와 레몬즙, 소금, 후추로 간을 한다. 벌거bulgar는 밀을 살짝 익혀서 말렸다가 빻은 시리얼류로서 붉은 토마토와 어울려 타불레 차림새를 살린다. 하지만 일부러 벌거를 사지 않아도 된다. 찬밥이면 충분하다.

간단하면서 색다른 샐러드로 산뜻하게 식사하고 싶을 때, 찬밥을 넣어서 타불레를 만든다. 파슬리와 올리브유가 듬뿍 들어가서 향이 좋고 생양파 덕분에 아삭아삭 상큼하다. 먹다가 남은 타불레는 버거나 샌드위치, 토르티야 랩 등에 넣어 먹는다.

재료 [2인분]

토마토 3개
양파 1/4개
파슬리 한 움큼
샐러드용 올리브유 3큰술
레몬즙/식초 1큰술

(선택)
삶은 콩/기장/수수/퀴노아/찬밥 중 아무거나 1컵
박하 잎 3~5개
소금/후추

만들기

1 토마토/양파/파슬리를 잘게 다진다.
2 1과 올리브유/레몬즙(식초)/찬밥/잡곡/콩 등을 잘 섞는다. 취향에 맞게 소금/후추를 뿌리고 박하 잎이 있으면 두세 잎 정도 다져 넣는다.

* 찬밥은 너무 차갑거나 뜨겁지 않도록 냉장고나 전기밥솥에서 미리 꺼내둔다. 밥 대신 빵과 어울려 먹어도 좋다.

* 파슬리가 없다면, 고수/바질/쑥갓/깻잎/상추/케일/겨자 잎으로 대신한다. 타불레는 채 썬 오이를 섞어도 잘 어울린다.

* 남은 타불레는 하룻밤 냉장고에 둔다. 토마토와 파슬리 향이 올리브유에 녹아들고, 그 올리브유와 레몬즙에 흠뻑 젖은 양파와 토마토는 달콤함이 배가 된다.

들깨 양배추 샐러드

곱게 다진 양배추에 들깻가루와 식초로 양념을 하고 여기에 소금을 넉넉히 치면 그대로 밥반찬 하기 좋다. 샌드위치나 버거에 소스 대신 올려 먹고, 너무 많이 만든 바람에 냉장고에서 없어지지 않을 땐 튀김가루를 섞어서 부쳐 먹기도 한다. 그리고 그 양배추 부침을 빵 사이에 끼면 색다른 샌드위치가 된다. 이렇게 활용도가 높으니 양배추 샐러드를 한번 만들어 놓으면 며칠 동안 마음이 든든하다.

재료

양배추 500g (채 썬 것 4~5컵)
양파 1/3개
당근 1/3개

[소스]
식초 5~6큰술
들깻가루 4큰술
식물성 우유 2큰술
조청 2큰술
소금 1/4~1/3작은술
후추 약간

만들기

1 양배추/양파/당근은 길이 4cm에 너비는 최대한 가늘게 채 썬다.

2 큰 그릇에 소스 재료를 모두 넣고 잘 섞는다. 소금은 취향에 맞게 조절한다

3 1을 2에 넣고 고루 섞은 다음, 용기에 꾹꾹 눌러 담아 보관한다.

* 냉장고에서 하루 숙성하면 채소에 양념이 배어 맛이 더 좋아진다.

* 잘게 썬 깻잎/바질/파슬리/고수잎이나 큐민/강황/고춧가루 등 각종 향신료로 맛을 내도 좋다.

여행

 내 하루는 세 끼 중심으로 돌아간다.
 아침밥을 먹다가 오후 간식이 떠올라 냉동실에서 바나나 케이크를 꺼내 놓고, 점심 식사를 마치기도 전에 저녁에는 어떤 맛있는 걸 해 먹을지 고민한다. 냉장고 채소 칸 점유율이 50% 이하로 내려가면 슬슬 불안해지고, 가득 찬 식품 창고는 나를 미소 짓게 한다. 끼니 거르는 걸 못 참고 배가 고프다는 의식도 없이 때 되면 밥을 챙긴다.

 나는 어쩌다 이렇게 먹는 데 큰 의미를 두게 된 걸까. 먹어야 산다, 아침밥 거르면 힘 못 쓴다, 먹고 죽은 귀신은 때깔도 곱다지 않냐, 이런 말로 자식 배를 곯리지 않으려는 엄마 딸이라서 그럴까. 아니면, 밥 먹었어, 하고 안부를 묻고 언제 밥 한번 먹자, 하며 헤어지는 한국인이기 때문일까. 이런저런 이유를 대보지만, 결국 내 식탐 때문이다. 여러 가지 쌓아 놓고서 많이 먹고 싶은 욕심. 그래서 여행하며 나와 다른 사람들을 보았을 때 충격이었다.

 호주 농장에서 만난 청년들의 점심 도시락이 그랬다. 힘깨나 쓸 것 같은 젊은 남자들이 햄이나 치즈를 넣은 얇은 샌드위치만 먹고 밭일을 견뎌냈다. 스페인에서는 배낭에 꽂은 바게트를 꺼내 손으로 뜯고 그 위에 브리치즈를 발라 점심으로 대신하며 순례길을 걷는 사람들을 보았다. 그들은 최소한의 열량만 보충하면 하루 일을 마칠 수 있다는 듯이 대강 끼니를 때웠다. 물론 그중 다수는 저녁이 되면 돌변한다. 커다란 고깃덩이에 삶은 감자를 곁들여 기름지게 먹고, 맥주나 포도주를 끝없이 마시며 하루를 마친다. 내가 그들과 다른 게 있다면 나는 점심도 그들의 저녁 식사처럼 먹으려 한다는 점이었다.

 나는 단품 음식을 자기 앞에 놓고 먹는 상차림에 욕구불만을 느낀다. 특히 혼자 여행할 때면 외로움만큼 참기 힘든 게 다양한 음식을 맛볼 수 없는 사정이다. 설령 누군가와 마음이 맞아 같이 다니더라도, 식사 시간이면 파스타든 샌드위치든 각자 하나씩 시켜서 자기 앞에 두고 먹는다. 적고 보니 매우 당연한 말 같다. 하지만 한국의 반찬 문화 때문인지 나는 한 자리에서 여러 가지 음식을 먹어야 성에 찬다. 저 친구가 먹는 것도 맛보고 싶은데 차마 한 입만 달라고 못 하고, 친구는 자기 음식에 꽂힌 내 눈빛 때문에 불편한 기색이 역력하다.

이젠 그럴 필요 없다. 결혼과 동시에 여행 중에도 언제나 함께할 사람이 생겼고, 한 끼니에 두어 가지 음식을 맛볼 수 있는 장점도 따라왔다. 그리고 남편은 탐욕스러운 내 눈빛에 익숙해질 운명이었다. 나는 메뉴판을 보면서 나도 모르게 당신은 뭐 먹을 거야, 하고 묻는다. 그러면 남편은 제발 내가 먹고 싶은 거 먹으면 안 되냐고 가끔 항변하지만 소용없다. 당신은 나와 결혼했으니까. 남편은 밥 먹다 말고 뽀뽀한 것도 아닌데 침을 섞어야 하는 숙명을 받아들여야 했다. 그리고 나는 여행하며 다양한 음식을 먹게 됨과 동시에 내 긴 방종에 마침표를 찍어야 했다.

남편은 계획대로 여행하고 나는 충동과 우연에 기대어 여행한다. 남편이 손안의 지도를 살피고 시간을 확인할 때 나는 예상하지 못한 사건과 기회를 호시탐탐 노린다. 남편은 궁금하면 여행안내서를 펼치고 나는 지나가는 사람을 붙잡아 물어본다. 그러면 남편은 내가 자기를 믿지 못한다고 투덜거리고, 현지인과 말 섞을 기회를 놓친 나는 닭 쫓았다고 혼쭐 난 개처럼 멍해진다.

몇 해 전 우리는 처음으로 대만에 다녀왔다. 기대가 컸다. 대만은 채식인에게 호의적인 여행지로 보였다. 아마도 채식 식당 가맹점인 러빙헛 창시자의 활동무대가 대만이라서 그런 생각을 가졌던 것 같다. 어쩌면 '채식 식당이 가장 많은 도시' 상위권에 타이베이가 올랐다는 기사를 봤기 때문인지도 모른다.

내가 공상으로 기대만 높이는 사이 남편은 채식인을 위한 대만 여행안내서를 샀다. 그런데 책을 읽으며 남편의 기대는 우려로 바뀌었다. 그 책에 따르면, 대만은 불교 영향으로 육식은 물론 오신채를 금하는 식습관이 널리 퍼졌지만, 베지테리언과 비건을 혼용하고 대체육에 달걀이나 유제품을 쓰곤 하며, 재료표기가 불투명해 '채식' 간판을 완전히 신뢰할 수 없단다.

다행히 예약한 숙소에서는 도착 전에 특별식 여부를 물어왔고, 우리를 안심시켰다. 숙소에 딸린 카페에서 간단하지만 정갈하게 준비한 완전 채식으로 아침 식사를 대접받았다. 옥수수로 만든 빵이나 양배추 호빵, 검은 찹쌀밥으로 빚은 주먹밥에 열대과일과 차가 곁들여 나왔고, 우리는 산뜻하게 하루를 시작할 수 있었다. 하지만 숙소 밖으로 나가면 남편은 소박한 길거리 음식을 먹으면서도 의심을 떨치지 못했다. 그럴 때마다 나는 그냥 좀 모르는 척 먹으면 뭐 어때, 하는 마음으로 남편의 불안을 모른 체했다.

하루는 서너 시간 산행 후 늦은 점심을 먹어야 했다. 남편의 매서운 심사를 거쳐 뽑힌 한 식당으로 향하는 길, 나는 애먼 가게들 앞에서 여러 번 멈춰 섰다. 큼직하게 채식이라 쓰여 있고 진열된 음식도 식물성으로 보이는, 남편이 조심해야 한다고 했던 식당들이었다. 나는 식당 안을 가리키며 여기에서 먹자는 눈빛으로 남편 속을 끓였다. 남편은 냉정히 고개를 돌려 길을 재촉했고 나는 숨겨진 맛집을 코앞에서 놓치기라도 한 듯이 속상했다. 결국, 우리는 남편이 정한 식당에서 불편한 마음으로 마주 앉아 국수를 먹었다. 국수는 눈치도 모르고 맛이 아주 좋았다.

나는 그릇을 다 비운 뒤 남편에게 말했다.

"아까 오면서 계속 딴청 부려서 기분 나빴지? 미안해. 당신이 책 꼼꼼히 읽고 그 정보를 활용하려는 거 알아. 무엇보다 속고 싶지 않은 마음 이해하지만, 난 이 나라 사람들이 어떤 음식을 먹는지 최대한 많이 알고 싶어. 길을 걷다가 우연히 정말 괜찮은 채식 식당을 찾을 수도 있고. 책이나 인터넷에서 얻은 정보가 도움 되긴 하지만, 속더라도 내가 직접 겪어보고 싶어."

어렵게 내 마음을 표현했던 게 통했나 보다. 그날 저녁 남편은 길거리 음식을 먹으며 배를 불리는 걸 참아줬다. 사탕수수즙과 버섯 튀김을 들고 바닷가를 걸었고, 한길에서 돼지고기로 짐작되는 만두를 나눠 먹었다. 그리고 숙소로 돌아오는 길, 이대로 끝내기엔 좀 섭섭해서 한 국숫집에 들어갔다. 우리 둘 다 고기가 먹고 싶은 건 아니었지만, 늦은 밤에 갈만한 다른 식당이 없었다. 뭔 뜻인지도 모르고 벽에 걸린 메뉴 중 하나를 가리켰고, 주문한 지 삼 분도 안 되어 육해공 고기가 전부 들어간 국수 하나가 나왔다. 우리는 역한 냄새와 거슬리는 식감 때문에 삼 분 이상 먹지 못하고 일어섰다.

 아무렇게나 여행하고 먹자고 주장했던 나는 남편에게 미안한 마음을 갖고 하루를 마감했다. 남편을 만나고 나서야 내가 뭐든 대충하고 물 흐리기에 능하다는 걸 알았다.

조미 버섯

타이베이의 어느 채식 식품점에서 버섯으로 만든 육포가 있다는 걸 알게 되었다. 조미 버섯은 육포 맛과 다른 신세계였다. 비건 육포라 부르기에 미안할 정도로 버섯의 감칠맛과 쫄깃함이 매우 좋아서 술안주로 알맞았다. 보통 시판 조미 버섯은 양은 적지만 가격은 비싸고 첨가물이 많은 데다가 우리 입맛에 좀 짜다. 그래서 직접 만들기 시작했다.

재료 [완성 후 1컵 분량]

버섯 500g *

[소스]
간장 1~1.5큰술
물 1.5큰술
메이플시럽/조청 1큰술
후추 1/4작은술

* 버섯은 아무 종류나 큼직한 게 좋다.

만들기

1 버섯을 0.4cm 두께로 썰고, 햇볕에 말린다. 완전히 말리지 않고 부피가 반쯤 주는 정도면 적당하다.

2 말린 버섯을 가볍게 헹군다.

3 버섯이 모두 들어갈 만한 용기에 소스 재료를 넣고 섞는다. 간장은 취향에 맞게 양을 조절한다.

4 버섯을 3에 넣고 고루 섞는다. 소스가 모두 스며들도록 한두 시간 정도 기다리되, 가끔 뒤적여준다.

5 납작한 오븐 팬에 버섯을 촘촘히 깐다. 오븐을 섭씨 120도로 맞추고 팬을 넣는다. 낮은 온도에서 서서히 말리듯이 굽는다. 30분 뒤 오븐을 끄고 맛을 본다. 좀 더 바삭하길 원하면 꺼진 오븐에 20분 정도 더 둔다. 버섯이 좀 촉촉한 게 맛이 좋지만, 금방 소비할 수 없거나 오래 보관하고 싶을 땐 수분을 많이 빼준다. 또는 냉장/냉동 보관한다.

* 양념에 고수/큐민 가루를 섞어도 맛이 잘 어울린다.

다른 여행

 남편과 나는 여행할 땐 최대한 채식 식당을 찾되, 여의치 않거나 먹고 싶은 게 있으면 고기를 먹기로 했다.
 처음부터 그랬던 건 아니다. 일상생활에서 그랬듯이 여행하면서도 채식을 고집했다. 하지만 없는 마당에 고집부려봤자 서로 얼굴만 붉히게 된다는 걸 깨닫고 상황에 따라 유연하게 대처하기로 했다.

항공권을 예약할 때는 출발 48시간 전에 특별식을 주문한다. 여행에 앞서 해피카우happycow.net 같은 채식 식당을 안내하는 웹사이트나 구글맵에서 식당과 메뉴를 검색하고 후기를 살펴본다. 웬만한 대도시에서는 여행 날짜가 부족할 만큼 채식 선택권이 넓은 편이다. 장기 체류가 아니면 채식 식당이 두어 곳만 있어도 다닐 만하다. 하지만 언제나 그렇듯이 세상은 만만하지 않다. 알만하고 할만하다고 여길 때면 어김없이 재교육이 들어온다. 며칠 동안 고속도로 여행 중이라면, 그리고 그곳이 미국이라면 사정이 좀 다를 수 있다.

채식을 시작하고 팔 개월쯤 지나 이사를 하게 되었다. 남편도 나도 그렇게 길고 고단한 이사는 처음이었다. 폴란드 바르샤바에서 미국 캘리포니아로 가는 대륙 간 이사였는데, 집이 정해지지 않아 우편으로 짐을 부칠 생각은 못 했다. 우리는 여행 가방 아홉 개와 옷 가방 하나에 각자 배낭을 메고, 상자 안에서 울음을 멈추지 않는 고양이와 함께 비행기를 탔다. 바르샤바에서 암스테르담을 거쳐 미국 애틀랜타에 도착해 차를 빌리고 이웃 도시 몽고메리 호텔 방에 들어가니, 옛집을 떠난 지 서른 시간 가까이 되었다. 고양이는 마침내 소변을 볼 수 있었고 우리는 허리를 펴고 침대에 누웠고 이사는 아직 초반이었다.

이튿날 교외의 한 창고로 갔다. 그곳에는 내가 모르는 남편의 인생을 함께한 물건들이 있었다. 썩은 내를 풍기는 맥아 자루는 버리고, 친척 어른들에게 물려받은 가구와 대부분 짐은 이삿짐 센터를 통해 부쳤다. 남편이 처음으로 제 돈 주고 샀다는 감색 차는 창고에 갇힌 세월을 더해 예닐곱 살이 되었다. 장거리 여행에 앞서 차 바퀴와 오일을 갈고, 정비소 직원에 따르면 너무 오래되어 위험하다는 휘발유를 뽑아내고 싱싱한 기름을 넣었다. 마지막으로 남편이 예전에 일하던 사무실에 맡겨두었던 접란 화분을 찾아서 고양이 상자 위에 올리고 드디어 이사 후반전을 시작했다.

내가 운전이라도 할 수 있었다면 남편은 덜 피곤하고 나는 덜 지루했을 텐데. 나는 수동 변속기를 다룰 줄 몰랐기에 남편 혼자 사흘 동안 하루 열 시간 안팎을 운전했다. 고양이가 차 트렁크에 둔 전용 화장실을 안 쓰려고 하니 그 이상 멀리 이동하는 것도 무리였다. 나는 그저 남편이 하자는 대로 따르면 됐다. 그런데 이번 여행에 내가 모르는 게 또 있었다. 호텔에 도착하면 차 안에 있는 짐(여행 가방과 옷 짐, 귀중품, 아이스박스, 고양이랑 고양이가 든 상자, 모래 담은 고양이 화장실, 화분 두 개 등)을 모두 빼서 숙소로 나르고 다음 날 다시 차에 실어야 했다. 나는 어이가 없었다.

내일 아침에 도로 실어야 하잖아. 정말 하루 두 번씩 이래야 해?

어쩔 수 없어. 차 안에 뭐 있는 게 창밖에서 보이면 절도 확률이 높아져.

그렇구나. 일리 있는 말이긴 한데 트렁크까지 싹 정리하는 건 과잉방어 아닌가 싶었다. 이삿짐 정리도 아니고 이사 자체에만 일주일이 걸리고, 그 와중에 이렇게 사서 고생까지 한다니! 나는 내가 미국을 모른다고 생각했고, 그 사실을 잘 아는 남편은 짐을 실은 카트를 밀며 맥주 한 병만을 간절히 바랐다.

남편은 몽고메리를 떠나며 우리가 자그마치 열 개 주를 거치게 된다며 내 흥미를 자극했다.

와! 열 개나?

응. 비행기로 도착한 애틀랜타는 조지아주였고, 여기 몽고메리는 앨라배마주, 좀 있다가 멤피스를 거쳐야 하니 테네시주까지 더하면 열한 개나 열두 개 주 정도 될 거야.

나는 갑자기 폴란드를 떠나야 했던 게 아쉽고, 내 여행지 목록에 미국은 없었기에 무심한 척하고 싶었다. 하지만 미국이라는 크기 앞에서 어떻게 아무렇지 않을 수 있을까? 널찍한 도시 구획과 나지막한 건물들, 그 사이에 깊이 뿌리 내린 아름드리나무들, 그리고 쭉 뻗은 대지마다 널린 진귀하게 생긴 바위와 산세. 한국 같으면 유명한 관광지가 족히 되었을 장소가 이름표 하나 없이 그저 별일 아니라는 듯 존재하고, 사람들은 그런 경이를 무심하게 지나친다. 도시를 벗어나면 인간의 손길이라곤 잘 닦인 도로뿐이다. 아무것도 없을 수 있는 이 무지막지한 땅이 어찌 궁금하지 않겠는가. 도대체 내가 어디에 있고, 어떤 길을 통해서 어디로 가는지 알고 싶어졌다. 남편의 의도대로 나는 지도를 폈다.

몽고메리는 앨라배마주에 있어. 여기부터 멤피스, 미시시피, 아칸소, 오클라호마, 텍사스, 뉴멕시코를 지나면 콜로라도고. 콜로라도 부모님 댁에서 하루 쉰 다음에 유타랑 네바다를 거쳐서 캘리포니아에 도착할 거야.

오, 미시시피주도 지나? 뉴올리언스 있는 데지?

아, 미시시피강이 뉴올리언스로 빠지긴 하는데, 뉴올리언스는 루이지애나주에 속해.

그렇구나. 그런데 그 뉴올리언스 발음 좀 다시 해봐.

입안에서 혀가 어떤 재주를 부리는지 참 묘한 단어다. 내 평생을 바쳐도 남편처럼 말할 수 없다는 직감이 왔다. 고작 발음 안 되는 단어 하나에 이제 미국에 살아야 한다는 실감이 났다. 차 안에 뭘 두지 않는 게 안전 상식이고, 길 가다 마주친 사람이 경찰도 아닌데 총을 갖고 있을 수 있는 나라. 그리고 고속도로 여행 중 휴게소 찾는 재미가 없는 나라에 왔다.

미국 동서를 가르며 열 개 주를 거쳤는데, 그 긴 여정에서 우리가 먹을 수 있었던 건 써브웨이 샌드위치와 감자튀김 정도였다. 치즈와 사워크림 빼고 주문한 타코벨의 콩 부리토나 토르티야 칩도 있긴 했지. 원하면 고기 요리를 먹을 수도 있었지만, 선택권이라곤 패스트푸드와 대형 음식점 체인뿐이었다. 처음에는 보조석에 앉아서 간판에 적힌 이름을 읽는 재미라도 있었다. 그런데 서너 개 주를 지나면서 그 내용이 거의 같다는 걸 깨달았다.

맥도날드, 타코벨, 웬디스, KFC, 버거킹, 써브웨이, 스타벅스. 좀 색다른 이름으로 잭스, 아비스, 칙필레 등이 있고, 동네가 크면 아이홉스나 애플비스가 등장했다. 이런 음식점들의 메뉴판 색깔은 꽤 통일감이 있다. 빵, 감자튀김, 달걀, 치즈, 겨자 소스처럼 누렇거나 고기, 소시지, 베이컨처럼 갈색을 띤다. 여기에 빨간색 토마토와 케첩, 연둣빛 상추와 피망을 조금 얹어서 자기네 메뉴가 지루하지 않다는 걸 보여준다. 동네마다 반복되는 식당들에 엇비슷한 채소를 공급하려면 이 나라 농부들은 이 몇 가지 채소를 엄청나게 심어야 할 것 같았다.

후일 어떤 기사를 보고 알았다. 고속도로 간판 광고는 아무나 할 수 있는 게 아니었다. 광고 비용이 만만치 않을 뿐만 아니라, 식당을 하루 12시간 이상, 주 7일 운영해야 하는 조건이 있어 일반 업주들에겐 광고 진입 장벽이 높다고 한다. 큰 표지판에 이름을 올리지 못했을 뿐 지역 사람들이 운영하는 식당이 없는 건 아니란 뜻이다. 하지만 고속도로에서 음식을 찾는 사람들은 모두 어딘가로 이동 중이다. 그중 대부분은 저렴한 가격에 신속히 제공되고 익히 알던 음식이라 크게 실망할 필요 없는 그런 식당을 선택한다.

이게 바로 수없이 반복되는 고속도로 옆 간판들이 내게 하는 말이었다.

'기대 이하로 실망을 주지 않고 기대 이상으로 놀라게 하지도 않으면서 언제 어디에서나 우리 음식을 찾을 수 있게 해줄게요!'

아마도 한참 후 이 간판들을 보면 미국에 대한 향수를 일으킬 것 같다.

제레미 리프킨의 『육식의 종말』 중 '햄버거와 고속도로 문화' 편에서 이런 미국인의 생활 양식 배경을 다룬다. 미국은 20세기에 들어 자동차 산업이 발달하고 고속도로가 확장되면서 교외 거주가 일반적인 생활 양식이 되었다고 한다. 따라서 사람들은 집과 도심의 직장을 자가용으로 오가고 고속도로에 근접한 쇼핑몰을 이용하며 많은 시간을 도로에서 보내기 시작했다. 저자는 이런 이동성 높은 생활 방식은 먹는 일에 있어 '편리, 효용성, 예측 가능성'을 요구하게 되었다고 말한다.[22]

이 세 가지 조건에 들어맞는 게 바로 햄버거로 대표되는 패스트푸드다. 효율적인 서비스, 일정한 맛, 특별한 도구 없이 먹을 수 있는 햄버거는 자동차를 중심으로 한 미국인의 새로운 생활 양식에 딱 들어맞았다.[23] 실제로 맥도날드 창업주는 비행기를 타고 전국 구석구석을 살피고 교통 요충지마다 식당 위치를 잡았다고 한다.[24]

그 결과를 내가 목격하고 있다. 고속도로에서는 음식점뿐만 아니라 호텔과 모텔도 체인점이 주를 이룬다. 이런 숙박업소와 음식점이 모여 군락을 이루고 핏줄처럼 퍼진 고속도로를 따라 반복된다.

고속도로를 달리다가 보면 '후게 공간Rest Area'이라는 표지판이 가끔 보인다. 이런 곳은 공중화장실이 있는 공간 이상도 이하도 아니다. 가끔 자판기 두어 개와 벤치가 놓여 있기도 하지만 그게 전부다. 한국처럼 휴게소 들르는 재미 같은 건 접어 두고, 화장실은 웬만큼 지저분하다는 걸 예상하며, 음식도 예측 가능한 선에 머문다.

채식을 고집하지 않았다면 좀 다른 경험을 했을지도 모른다. 지역에 뿌리를 둔 숙소나 음식점을 찾아다닐 만큼 여유가 있지 않았던 상황도 한몫했다. 남편은 당장 새 사무실로 출근해야 했고, 집을 구해야 이삿짐을 받을 수 있었으므로 여유가 없었다.

교통체증 때문에 대도시 관통은 가능한 피했고, 그래서 우리 눈에 보이는 식당은 비슷할 수밖에 없었다.

상황이야 어쨌든 끼니는 꼬박꼬박 챙겼고 채식도 어영부영 유지했다. 그 공로는 어디에서나 찾을 수 있는 써브웨이와 판박이 조식을 제공하는 호텔에 있다. 써브웨이에서는 채소로 만든 패티를 넣은 샌드위치를 주문할 수 있었다. 패티를 오븐에 데워서 따뜻하고 맛도 좋으니 그 반죽에 달걀이 들어간 것쯤은 눈 감고 먹었다. 우리는 결국 샌드위치를 먹을 거면서 오늘도 그것을 먹느냐 마느냐, 채소 패티를 넣을까 말까 대화하며 점심때를 맞이했다.

반면, 아침 식사 고민은 전혀 없었다. 대형 호텔 기업들이 운영하는 중저가 호텔의 아침 식사는 어딜 가도 똑같았다. 달걀, 감자, 소시지, 베이컨, 식빵, 베이글, 와플, 오트밀, 견과, 요구르트, 과일 등을 뷔페처럼 차려 놓는다. 원하는 음식을 일회용 종이 접시에 담아 플라스틱 포크와 숟가락으로 먹은 뒤 남은 건 쓰레기통에 넣으면 된다. 음식 쓰레기통이나 분리수거함은 따로 없으니 괜히 두리번거리는 수고는 필요 없다. 덕분에 나는 고소한 오트밀의 소중함을 느꼈고, '아메리칸 브렉퍼스트'를 구분할 줄 알게 되었다.

삶의 방식을 결정할 요인은 많다. 지역과 환경, 관습과 소득,

가치관과 취향에 따라 각양각색이다. 그걸 알면서도 고속도로에서 정크 푸드만 먹어야 하는 미국인들이 불쌍해 보였다. 사실 이런 사정은 고속도로에 국한되지 않는다. 2009년 한 연구에 따르면 미국 내 저소득층 지역 주민 5명 중 1명은 반경 2.4km에 슈퍼마켓이 없는 곳에 사는 데다가, 그들이 편리하게 이용할 수 있는 교통편도 없다고 한다.[25] 신선한 식품은 구하기 힘들거나 비싼 대신, 가공식품과 패스트푸드는 접근성이 좋고 가격도 저렴한 지역을 식품 사막 지대 focd desert라고 부른다. 그리고 이런 식품 사막은 대개 빈곤 분포와 일치한다.[26]

쇼핑 세계도 다르지 않은 것 같다. 식품은 물론 웬만한 생활용품과 의류, 학용품에 자동차용품까지 한곳에 다 갖추고 있는 월마트의 편리함에 길들면, 품질이 떨어진다는 걸 알아도 계속 가게 된다. 싸니까. 우선 쓰고 다음에 다시 사면 된다.

다른 선택은 얼마든지 가능하다. 조금만 둘러보면 지역에서 생산한 재화를 찾을 수 있다. 하지만 색다른 선택은 특별한 노력이 따라야 할 것 같다. 한 곳에서 해결할 수 있는 일을 서너 군데 방문해야 한다거나, 돈을 더 많이 치러야 한다거나. 무엇보다 패스트푸드와 패스트 패션, 싸고 질 낮은 상품에의 접근성이 훨씬 좋아 보인다. 그렇게 나도 그 편리함에 젖어 살게 되었다.

오트밀

오트밀은 납작하게 누른 귀리, 또는 그걸로 만든 죽을 말한다. 대개 간단한 아침 식사로 먹는데, 물 대신 우유와 삶기도 하고 조리 시간을 조절해 씹는 맛을 다르게 할 수도 있다. 미국에서는 보통 오트밀에 잼이나 시럽, 바나나, 블루베리 등을 올려 먹지만, 달콤한 고명 없이 먹는 오트밀도 충분히 맛이 좋다. 이른 아침에 오트밀 한 그릇을 마주하고 앉으면 진주처럼 은은한 귀리 색깔이 마음을 차분하게 해준다. 그걸 한입 떠먹으면, 묽게 퍼진 귀리 섬유질이 입안을 부드럽게 채우고, 따뜻하고 고소한 냄새가 기분 좋게 잠을 깨운다.

통귀리를 서너 조각으로 쪼갠 것steel-cut oats은 압착 귀리rolled oats보다 조리 시간이 길지만 씹는 맛이 좋다. 쪼갠 귀리는 밥 지을 때 조금 넣어 풍미를 추가할 수 있고, 압착 귀리는 제과제빵에 유용하다. 쿠키나 케이크 등을 만들 때 압착 귀리를 넣으면 밀가루 사용량을 줄이게 된다. 우리는 오트밀을 만들 때, 쪼갠 귀리와 쌉쌀한 향을 내는 퀴노아를 함께 끓인다.

재료 [2인분]

압착/쪼갠 귀리 1/2컵
퀴노아 1/4컵
물 2컵

만들기

1 퀴노아를 고운 채에 넣고 여러 번 헹군다.
2 귀리/퀴노아/물을 냄비에 넣고 중간 불에서 끓인다. 귀리는 끓을 때 거품이 생기면서 넘치므로 주의한다.
3 끓기 시작하고 3분 뒤 불을 조금 줄인다. 냄비 뚜껑은 반쯤 열어두고, 바닥에 붙지 않도록 가끔 숟가락으로 젓는다. 귀리가 충분히 퍼지지 않으면 물을 조금 더 넣는다. 압착 귀리는 10분, 퀴노아는 15분, 쪼갠 귀리는 20분 정도면 익는다. 곡물이 씹히는 것보다 부드러운 게 좋다면 약한 불에서 5~10분 정도 더 뜸 들인다.
4 취향에 따라 딸기/바나나/블루베리를 얹거나, 씨앗류/메이플시럽 등을 뿌려 먹는다.

메밀 팬케이크

메밀가루로 만든 팬케이크는 더부룩하지 않아 좋다. 재료만 준비됐다면 만드는 법도 간단하다. 거친 메밀 맛이 좋으면 온전히 메밀가루만 쓰고, 빵 느낌을 살리고 싶다면 밀가루와 반반씩 섞어 만든다. 메밀의 은근한 쌉쌀함은 조청이나 꿀, 잼, 과일 등과 잘 어울린다.

재료 [4인분]

100% 메밀가루 1/2컵
밀가루 1/2컵
베이킹소다 1/2작은술 *
소금 1/2작은술
물/식물성 우유 1컵
식초 1큰술
조청/메이플시럽 1큰술
식용유

(선택)
계핏가루 1작은술

* 베이킹소다는 베이킹파우더 1큰술로 대체 가능

만들기

1 모든 가루 재료를 고루 섞은 다음, 물/식초/조청을 넣고 재료가 잘 섞일 만큼만 젓는다. 굽기 전에 10분 이상 그대로 둔다.

2 중간 불에서 팬을 데운 다음 식용유를 두른다. 식용유가 달궈지면 반죽(4큰술 정도)을 떠서 팬에 올린다. 지름 약 10~15cm로 둥글게 모양을 잡아준다. 반죽 가장자리가 익기 시작하면 뒤집고 원하는 색깔이 나오도록 굽는다. (필요하면 불을 조금 줄인다.)

3 남은 반죽도 모두 구워서 조청/시럽/꿀/과일/두부 스크램블 등과 곁들여 먹는다.

* 폭신한 팬케이크가 되려면 반죽을 너무 오랫동안 휘젓지 않도록 하고, 베이킹소다가 부풀리는 역할을 잘하도록 굽기 전에 10분 이상 기다린다.

* 반죽에 양파/당근/쑥갓/파/애호박/비트/김치 등을 채 썰어서 전을 부쳐 먹어도 좋다.

* 남은 팬케이크는 샌드위치 만들 때 빵 대신 써도 괜찮다.

김치

 병에 음식을 담을 때면 입술이 그 안으로 들어갈 듯 꿈질댄다. 내가 그런 버릇이 있다는 건 엄마가 손주들에게 밥을 먹이는 걸 보고서야 알았다. 숟가락을 아이 입에 들이대며 입술을 움찔, 행여 음식물을 흘릴까 봐 당신 입을 오물오물. 사십 년 전 나에게도 저렇게 밥을 먹이셨겠지. 그때 엄마가 먹여준 밥이 내 피와 살과 뼈가 되었고, 엄마의 표정도 내게 각인되었다.

그 표정을 어제는 마흔여섯 번, 오늘은 서른여덟 번쯤 지었다. 다음 주말에 팔 김치를 작은 병에 나눠 담느라 입을 쫑그렸다 폈다 쫑그렸다 폈다. 어제는 덜 매운 배추김치와 백김치를, 오늘은 매운 배추김치와 깍두기를 담갔다. 다음 주 장터에 나가기 직전에 오이김치만 담그면 된다.

미국 콜로라도의 한 시골 마을에서 김치 장사를 하게 된 건 남편 때문이다. 채식을 시작한 뒤로 대도시에서 중소도시를 거쳐 소도시로 이사 왔더니 나가서 먹을만한 식당이 줄어들었다. 그러자 남편은 채식 식당을 운영해보고 싶어 했다. 꿈이 큰 건 장한데 요식업이라니 도저히 감이 안 잡혔다. 무엇보다 식당 일의 양을 상상하는 것만으로도 돌에 눌리는 기분이었다. 그래서 작게 시작해보자고 남편을 살살 꾀었고, 직거래장터에서 김치를 팔게 되었다.

이 작은 사업을 준비하면서 가장 귀찮았던 과정은 요리법 만들기였다. 눈대중으로 요리하는 나에겐 번거로운 일이었지만, 남편 말대로 일정한 맛을 위해 재료의 양을 정해야만 했다. 일단 요리법이 정해지니 여러모로 편하긴 했다. 가끔 재료 사정에 따라 남편 몰래 양을 슬쩍 바꾸면, 그때마다 달라지는 김치 맛에 놀라고 그러면서 배운다. 내 주요 업무는 김치 만들기였고 한없는 당근 채썰기 끝에 남편에게 시비를 걸곤 했다.

남편은 김치 만드는 것 외에도 온갖 행정과 서류 업무를 놓치는 일 없이 해냈다. 장터 나가는 날 새벽에 나를 깨우고 간식을 준비하고 김치가 든 아이스박스와 탁자, 천막 등을 차에 싣고 운전했으며, 장사 뒤에는 경리 업무도 봤다. 그 여름 끝에 우리 손에는 한국에 갈 항공권값이 생겼고, 광장시장 근처에서 분홍색 채칼을 산 뒤 채썰기로 싸우는 일은 없어졌다.

 놀랍게도 사람들은 우리 김치를 샀다. 무슨 재료로 어떻게 만드는지 자세한 설명을 원하는 이들이 많았는데, 김치라는 이름을 들어 보지 못한 사람은 거의 없었다. 대부분은 김치에 젖산균이 많고 몸에 좋은 음식이라고 알고 있었기에 따로 김치를 홍보할 필요도 없었다. 사람들은 시식 기회를 고맙게 여겼고, 김치의 아삭한 식감과 신선한 맛에 놀라워했다. 먹어보면 맛있다 하고 곧 구매로 이어졌다. 물론 아닐 때도 있다. 이 경우 대부분은 한국에서 김치를 먹어봤다는 사람들이다.
 한 여자가 새초롬하게 다가와 '신김치'가 있느냐고 물었다. 신김치를 한글 그대로 말해서 하마터면 못 알아들을 뻔했다. 신김치는 없으나 이 김치들 삭히면 다 신김치 된다고 했다. 여자는 한국에서 영어 강사로 일하며 두 해 살았는데 신김치를 좋아한다고 했다. 눈치가 있길래 맛 좀 보라 했다. 그녀는 한 입 깨물더니 이게 아니라며 맛보기 전에 이미 마음먹은 대로 돌아섰다. 또, 삼사십 년 전에 한국에서 군 생활을 한 아저씨들은 한국 어디에 있었다는 자기소개를 먼저 하며 다가온다. 그리곤 김치 맛을 보면 고개를 절레절레, 어쩔 땐 한번 갸우뚱하는데, 하나같이 그 맛이 아니야 하고 돌아선다.

이런 이야기를 해주면 엄마가 제일 재미있어한다. 미국인들이 마늘 냄새 풍기는 김치 맛을 보고 싶어 하고, 그 김치를 사러 다시 오는 사실에 신기해한다. 그러곤 젓갈과 찹쌀풀을 안 쓰고 어찌 김치 맛이 나냐고 의심을 떨치지 못하는가 하면, 행여 자식 몸이 상할까 걱정스러운 말을 늘어놓는다.

우리 김치는 젓갈을 쓴 김치보다 향과 풍미가 덜하지만, 청량한 김칫국과 아삭한 채소 맛은 그대로다. 배추와 무청은 풋내나지 않도록 얌전히 씻는다. 소금을 적당히 써서 양념을 만들고 발효 중에는 공기 접촉을 최대한 줄이면서 이삼일쯤 익혔다가 냉장고에 넣어둔다. 그럼 나머지 일은 소금과 채소가 알아서 한다.

김치 만드는 법은 엄마에게 배웠다. 다 크고 결혼해서 엄마가 이제 배워야지, 하고 가르쳐준 건 아니다. 어릴 때 엄마가 김치 담글 때면 싫건 좋건 나는 항상 엄마 곁에 있었다. 장 보고 채소 다듬고 씻기까지, 제일 힘든 일은 엄마가 다 했다. 특히 김장철에는 손 시리다며 채소 씻는 건 잘 시키지 않았다. 하지만 찹쌀풀 만드는 건 언제나 내 일이었다. 풀이 냄비 바닥에 눌어붙지 않게 주걱으로 젓는 일은 깨 볶는 것만큼 지루했다.

　엄마는 손에 양념을 묻히고서야 이곳저곳에 숨은 재료를 찾았다. 엄마가 "아이고, 생강 깜박했다. 저기 김치 냉장고 오른쪽에 있어. 좀 꺼내라." 하면 나는 양념에 풀을 덜다가 생강을 찾았다. 베란다 어딘가 엄마만 아는 곳에 숨겨진 젓갈을 찾아서 국자로 덜어오고, 냉장고 서랍 검은 봉지에 든 고춧가루를 꺼내 매운 내 날리지 않도록 살살 양념 위에 얹었다. 언젠가부터 엄마는 고춧가루를 뺀 나머지 양념 재료는 믹서에 갈기 시작했고, 이때 사과도 함께 넣으면 설탕 넣은 듯 국물 맛이 달고 시원하다고 했다.

　양념이 고루 섞이고 엄마 손이 벌겋게 물들면 침이 꼴깍 넘어가는 순간이 오고야 만다. 그럼 엄마는 노란 배추 속잎을 떼어 붉은 양념을 올리고 돌돌 말아서 내 입에 넣어준다. 그리고 꼭 묻는다. "맛이 어떠냐? 너무 싱겁지 않냐? 적당히 짜야 나중에 간이 고루 배는데." 그리곤 김치를 익히다가 싱겁다고 소금을 치면 맛이 쓰니 필요하면 젓갈을 쓰라는 말씀을 빼놓지 않았다.

　나는 생김치 맛보는 걸 좋아했지만 그 맛이 어떤지 알아내는 건 참 어려웠다. 혹시라도 엄마가 "지난번에는 너무 싱겁게 돼서 아빠가 한입 먹고 쳐다도 안 보셨다."라고 하면 맛보기가 더 어려워졌다. 그런데 내가 짠가 안 짠가 고민하며 혀를 굴리는 동안 엄마는 "어디 나도 맛 좀 보자. 음…. 소금 좀 더 넣자. 저기 빨간 소금 통 가져와 봐."하곤 내 대답보다 앞서 나갔다. 그때는 엄마가 나에게 똑 부러진 미감을 발휘하길 바라는 줄 알았다. 그런데 지금 생각해보면 엄마는 이미 계획이 있었던 것 같다. 배추가 덜 절여졌으니 양념에 소금을 좀 더 쳐야 한다거나, 나중에 무를 좀 삐져 넣어 짠맛을 줄이겠다거나.

나는 머리가 굵어진 후엔 "난 다 맛있어서 잘 모르겠어. 나 믿지 말아요." 하곤 굴을 곁들인 생김치를 즐기기만 했다. 싱겁든 짜든 일단 김치 만드는 게 끝나면 나는 잊어버렸다. 엄마가 해결했으니까. 무를 썰어 넣거나 젓갈을 치거나 했겠지.

지난 십 년 가까이 외국에 살며 김치 없어 못 산 적은 없다. 현지 음식으로 충분했고 필요하면 손이 많이 가는 김치 대신 무 피클을 만들었다. 그런데 여행과 뜨내기 삶을 마치고 한곳에 정착하니 기분이 달라졌다. 삼시 세끼 만들어 먹고 밥을 짓다 보면 김치 생각이 났다. 그러다 시간이 생기면 기억을 더듬어 직접 만들거나 슈퍼마켓에서 사보기도 했다. 하지만 가끔 있는 일이었기 때문에 김치는 항상 귀했고 어쩌다 두어 숟갈 꺼내서 남편과 나눠 먹었다.

일부러 김치를 먹지 않던 때도 있다. 김치는 너무 짜고 자극적이라 생각했다. 하지만 엄마는 언제나 그랬듯이 김칫국까지 입에 털어 넣었다. 그럴 때마다 나는 눈살을 찌푸리고 짠 거 너무 많이 드시지 말라고 했고, 속으로 엄마의 밥 먹는 모습은 우아하지 않다고 생각했다. 엄마는 먹는 데 너무 공을 들였다. 장보기에 많은 힘을 쏟았고 잔뜩 짊어지고 끌고 온 만큼 식자재 다듬으며 오랜 시간을 보냈다. 엄마는 평생 듣는 아빠 잔소리에 굴하지 않고 뭘 만들든 넉넉히 만들어 냉장고를 채웠다. 먹고 먹이기 위한 활동이 엄마 인생의 전부인 것처럼 보였다.

내 부엌살림을 갖고 밥해 먹다 보니 조금씩 알게 된다. 재료를 사느라 돈을 쓰고 개수대에 서서 씻고 털고 자르고 양념하고 조리하고 나면 아무렇지 않게 버릴 수 있는 게 없다. 마지막 국물 한 방울까지 소중하고 맛있다. 그렇게 아침 먹으며 점심때 먹을 걸 떠올리고 점심 먹으며 저녁에 할 요리를 생각하게 되었다. 꼬박꼬박 끼니를 챙기고 소화를 못 할 정도로 잘 차려 먹는다. 소화 기관도 나이가 든다는 사실은 생각하지 않고 욕심내어 급하게 먹다가 소화불량으로 몇 주씩 고생하곤 한다. 그럴 때면 손바닥으로 배를 쓸며 남편의 말을 되새긴다. 몇 해 전 밥상에서 나에게 한 말이다.

당신 먹는 소리가 너무 커.
짜증이 섞인 목소리는 아니었다. 냉정하지도 않았다. 남편은 그냥 평소처럼 차분하게 말했다. 하지만 이런 말을 들어 본 적이 없던 나는 민망함을 감출 수 없었다.

어떻게 먹으면서 소리를 안 내? 당신은 어떻게 먹길래?

글쎄. 입을 최대한 벌리지 않고 먹나? 어렸을 때 입속 음식이 보이게 먹거나 먹는 소리가 크면 혼났어. 예의에 어긋난다고.

남편은 식사하며 말을 거의 안 한다. 조용한 식사 시간이 처음에는 어색했다. 밥맛이 아무리 좋아도 식사 중에 어떻다고 평가하기보다, 식사 끝에 맛있었다고 간단히 이야기한다. 나도 밥상 교육을 받고 자랐다. 턱을 괴거나 팔꿈치를 식탁에 올리고 깨작대서, 또는 밥풀을 남긴다고 혼났다. 입안에 음식물을 넣고 말하면 안 된다는 말을 들었던 것도 같다. 하지만 밥 먹는 소리가 어떻다고 혼난 기억은 없다. 냉면은 호로록 라면은 후루룩 짭짭 아니던가. 얼음은 오도독 상추는 아삭아삭 오징어는 질겅질겅 쌈밥은 우적우적 된장찌개는 후후 불어 쩝쩝해야 맛있는 건데. 한국말을 모르는 남편에게 어떻게 설명할 수 있을까?

난 맛있게 먹는 소리를 내는 게 밥상 분위기를 살린다고 생각하나 봐. 어쨌든 당신이 신경 쓰인다니까 조심할게, 하고 말할 수밖에.

그리고 얼마 뒤 서울 가족들과의 식사 때 받은 충격을 잊을 수 없다. 평생 함께 밥을 먹었던 친정 가족과 둘러앉은 밥상머리에서 나는 처음으로 입 말고 귀를 열었다. 그러자 그동안 전혀 깨닫지 못했던 세계가 열렸다.

 조카 손에서 놀아나는 젓가락은 짤각짤각 형부의 입으로 들어가는 숟가락은 우적우적 나물 좋아하는 엄마 입은 질경질경 아빠가 쥔 쇠 밥주걱은 누룽지를 긁느라 박박 댔다. 숟가락에서 젓가락으로 바꾸는 손들은 재빨랐고, 밥그릇과 반찬 접시를 오가는 동작들은 큼직했다. 밥보다 대화에 관심 있는 언니들은 재잘거렸고 장난이 최고인 조카들은 쩍쩍댔다. 그러다 튀어나온 밥풀은 집어서 입속에 쏙 다시 넣으면 그만. 여기저기에서 따닥따닥 밥그릇 긁는 소리가 들리고 설거지통이 달그락달그락 차오르자 대가족 식사가 끝났다. 그날 밤 나는 결론 하나를 내렸다. 십여 중창 불협화음을 겪고도 나와 결혼한 사람이 남편이란 걸.

 남편은 후루룩 짭짭의 재밌고 맛난 느낌을 모를지라도 김치만은 어떻게 먹어야 제맛인지 안다. 세로로 길게 쭉 찢어서 입 안에 쏙 넣고 손가락에 묻은 양념은 쪽쪽 빨기. 절인 배추와 양념을 섞다 보면 어느새 남편이 옆에 다가와 기다린다. 그럼 나는 엄마가 그랬듯이 붉은 윤기가 흐르는 양념을 배추 속잎에 얹고 남편 입속에 넣어준다. 엄마처럼 입을 쫑그리며. 그리곤 좀 짜지 않냐고 걱정하듯이 물으면 남편은 매번 이렇게 답한다. 음, 이 맛이야!

김치 팔아 큰돈 쥐지는 못해도 밥상에서 김치가 빠지는 일은 없어졌다. 고슬고슬 지어진 현미밥에 상큼한 김치를 올려서 한 입 먹고 그 감격을 나누고 싶어져 밥 먹다 말고 남편에게 말을 건다. "맛있으면 맛있다고 흥 나게 말해봐!" 그럼 남편은 "응, 맛있다." 하고, 나는 "아니, 정말 정말 맛있다고 해야지." 한다. 그러면 남편은 진지한 표정으로 "응, 진짜 맛있어." 해준다. 그리고 우린 다시 별 대화 없이 음식 맛에 빠진다. 막 딴 김치 병에서 공기 빠지는 소리가 뽕뽕뽕 이어지고, 남편은 오물오물 고양이는 냠냠 나는 후루룩 짭짭 밥을 먹는다.

김치 감자볼

김치를 좀 덜 짜게 먹고 싶을 때 밥이나 삶은 감자, 콩 등과 섞어서 부쳐 먹는다. 이미 삶아 놓은 콩이나 감자가 있다면 일은 더 쉽다. 물기를 줄여 퍼석하게 삶은 감자는 그 뽀얀 색에 맞춰 백김치를 송송 썰어 넣는다. 그제야 고춧가루 빠진 담백함이 오랜만이란 걸 깨닫고, 그 덕에 입안도 위장도 잠시 쉬어가는 기분이다.

재료 [2인분]

꽉 짠 백김치 1컵
삶은 감자 으깬 것 1컵
셀러리 1줄기
파 1쪽
아마인 가루 3큰술 *
옥수숫가루 1~2큰술 *
후추 약간
식용유

* 아마인은 전분/밀가루/치아 씨로, 옥수숫가루는 빵가루로 대신할 수 있다.

만들기

1 김치/셀러리/파를 잘게 다지고, 으깬 감자/아마인 가루/후추와 잘 섞는다.

2 혼합재료를 호두 알 크기로 떼어 손으로 둥글게 뭉치고, 옥수숫가루에 굴린다.

3 중간 불에서 달군 팬에 기름을 두르고, 2를 올려서 모든 면이 노릇해지도록 굽는다.

4 밥/스파게티/샐러드/토마토소스 등과 곁들여 대접한다.

* 1에 삶은 콩/밥/양파/당근/피망/버섯 등을 추가해도 좋다.
* 김치가 들어가므로 간을 하지 않아도 되지만, 짭짤한 맛이 좋다면 1에 소금을 더한다. 그 외에 고수/큐민/파슬리 가루를 섞어도 좋다.
* 한여름에는 옥수숫가루를 묻혀 굽지 않고, 감자 샐러드처럼 먹는 것도 괜찮다.

된장

 비 한번 맞이하지 않고 사오 월을 보냈다.
 이번 주말엔 장독 정리를 하자고 한 게 벌써 몇 주째. 장독이라고 해봐야 작은 항아리 두세 개뿐이지만, 애써 담은 게 너무 짜질까 걱정되었다. 오늘 한낮 기온은 38도를 웃돌았다. 불덩이 같은 고추장 항아리를 안고 들어왔다. 골마지 생기지 말라고 얹은 김 석 장이 바짝 말라붙어 있었다. 조심스럽게 김을 꺼내고 단단하게 굳은 고추장 윗부분을 주걱으로 걷어냈다. 그러자 부드럽고 윤기 흐르는 고추장이 모습을 드러냈다. 병 세 개에 나눠 담고 냉장고에 넣었다. 그제야 생각이 나 이런저런 채소를 썰어 끓였다가 식혀서 검붉게 굳은 고추장과 섞었다. 작은 항아리에 옮겨 담고 위에 소금을 뿌린 뒤 김을 얹었다. 얼마간 다시 발효해야지. 그러고도 남은 고추장에는 마늘 한 주먹을 섞어 병에 담았다.

항아리에서 된장과 고추장을 푸거나 원 없이 간장을 쓸 때면 남편에게 정말 고맙다. 김치야 내가 만들지만 메주를 만들겠다고 팔 걷어붙이는 건 남편이다. 누가 가르쳐주지 않고 어깨너머 본 적도 없이 남편은 책과 인터넷에 의지해 장을 담는다. 그러다 궁금해지는 게 있으면 나에게 묻는다. 내가 인터넷에서 답을 얻지 못하면 엄마에게 여쭤보는데, 엄마도 평생 메주는 못 만들어봤다니 사위의 궁금증은 풀어줄 수가 없다. 시원찮은 대답에도 남편의 발효 실험은 꾸준히 이어진다.

남편은 메주를 띄울 때 작은 전기 매트를 깔아주고, 하루에 한두 번씩 어떤 색 곰팡이가 피었나 확인하며 속닥거린다. 메주에 푸른곰팡이가 돋으면 씻어 말리고 혹시 좋은 곰팡이가 더 잘 피지 않을까 기대하며 황국균을 뿌리기도 한다. 그러면 뭣도 모르는 내가 그건 일본식 발효제고 메주 만들 땐 아무것도 안 써도 괜찮다며 훈수를 두고, 남편은 볏짚이 없는데 그럼 어떡하

냐고 대꾸한다. 그러건 말건 메주는 소란에 개의치 않고 잘만 익는다.

남편이 처음으로 만든 메주 여섯 덩어리는 캘리포니아 햇살을 흠뻑 머금고 콜로라도로 함께 이사했다. 우리도 드디어 뒤뜰이 생겼다면서 햇살 아래 메주를 자랑스럽게 진열했다. 그런데 그날 오후, 메주 한 덩이가 사라졌다. 그리고 한참 후 마당 뒤쪽에서 처참하게 부서진 메주를 찾았다. 필시 메주란 걸 처음 보았을 미국 까마귀가 실컷 쪼았나 보다. 여기저기 흩어진 잔해를 모아서 고사라도 지내듯이 바라보며 며칠을 고민했으나, 차마 버리지 못하고 다른 메주들과 함께 장을 담갔다.

한국 고추와 비슷하게 생긴 카옌 고추를 사서 햇볕에 말리고, 숯을 달궈 항아리를 소독하는 남편의 모습이 그럴싸하다. 남편은 된장과 고추장은 물론 청국장과 일본식 된장도 주기적으로 담근다. 최근에는 만드는 법이 잘 알려지지 않은 춘장을 상상에 기대어 조금 담고서 짜장 맛이 나길 기다리고 있다. 한국 주부들도 웬만하면 사 먹는 장을 미국인이, 그것도 이국땅에서 제대로 만들고 있을 리 만무하다. 하지만 좋은 재료를 쓴다는 걸 알고 발효 뒷맛이 크게 이상하지 않으며 요리에 넣으면 제맛에 흡사하니 그걸로 족하다. 무엇보다 옆에서 구경만 하고도 온갖 장류가 생기니 나는 흐뭇할 수밖에 없다.

장 담그기는 남편의 오랜 취미인 맥주 만들기의 연장선이다. 지금 내 책상 옆, 집안에서 가장 시원한 구석에 카보이(발효용 크고 두꺼운 유리병) 네 개가 있고, 각각 다른 맥주가 발효 중이다. 그 맛이 기대되는 벨지안 두벨, 이스트가 좋지 않아 아무래도 실패할 것 같다는 페일 에일, 향이 좋은 메도우폼 꿀로 만든 미드mead, 거의 일 년째 발효 중이라는 사워 비어가 옹기종기 모여있다. 맥주가 익으며 공기 빠지는 소리가 끊이지 않을 땐 내 신경을 사로잡지만, 이때가 지나면 기막히게 맛 좋은 맥주가 잔에 채워진다는 걸 안다. 그러니 참을 수 있다. 아무리 남편이 바쁘고 부산해도 말이다.

남편이 필터에 거른 물을 몇십 리터씩 모으기 시작하면 '그 날'이 다가온다는 뜻이다. 맥주 만드는 도구들을 소독해 나열하고 책상에 두어 시간 앉아 재료 비율을 잡기 위해 화학식에 몰두한다. 그리고 마침내 그날이 오면 부엌 문턱은 곧 닳아 버릴 듯이 삐걱거리고, 설거지 산더미가 생기며 행주와 물기가 난무한다. 그 와중에 나에게 부탁하는 거 하나 없고 내가 나서서 도와주지도 않는데 나는 이상하게도 신경이 곤두서고 뾰로통해진다. 알 수 없는 내 마음을 다잡아야 한다. 그래야 맛있는 맥주를 더 자주 마시게 될 테니깐.

남편은 재료 배합에 문제가 있다거나 너무 오래된 이스트를 썼다거나, 온도를 충분히 낮추지 못했다면서 맥주 맛을 걱정한다. 하지만 발효 마법 덕분인지 남편이 만든 맥주는 대부분 맛이 좋다. 맥주뿐만 아니다. 된장, 고추장, 청국장, 일본 된장, 템페도 꽤 맛있다. 오해 마시라. 내가 맛에 무조건 후한 사람은 아니다. 남편의 막걸리는 뭔가 시큰 쿰쿰 형용하기 어려운 맛이 난다. 맛이 좀 묘하면 어떠하랴. 직접 만들어 먹는 재미 없이는 이제 못 살 것 같다.

하드 사이더 hard cider

집 뒷마당 구석에 사과나무 두 그루가 있다. 한 알이 손안에 폭 안길 정도로 작은 종자인데, 알맞게 익길 기다리다 보면 성한 놈을 찾기 힘들다. 높은 곳에 달린 사과는 벌레가 먹거나 새들이 쪼고 낮은 곳에 달린 건 다람쥐 차지다. 그렇게 동물들이 알차게 즐기는 걸 감상하다가 어느 날 문득 정신을 차린 우리는 사과 따기에 나선다. 내가 칼을 들고 성한 부분을 골라내면, 남편은 작은 기계에 사과를 넣고 짜낸다. 이제 사이더를 만들 때가 되었다.

미국에서는 사이더라고 하면 세 가지 정도로 생각할 수 있다. 애플 사이더apple cider, 핫 사이더hot cider/spiced cider, 하드 사이더hard cider. 애플 사이더는 발효하지 않은 사과 주스를 말한다. 핫 사이더는 계피 같은 향신료를 넣어서 따뜻하게 마시는 사과 음료로, 주로 크리스마스 시즌에 즐긴다. 하드 사이더는 발효한 사과술이다. 남편의 관심은 당연히 하드 사이더에 있다. 파이 만들 것만 조금 남겨두고, 나머지 수확한 사과는 모두 하드 사이더가 된다.

재료

갓 짠 사과 주스 1갤런 (약 3.78ℓ) *
사이더용 건조 효모 2g **
효모 영양제 총 6.5g (2g+1.5g+1.5g+1.5g) ***

* 보존제를 쓰지 않았다면, 시중에 파는 사과 주스를 써도 괜찮다. 보존제는 효모 활동을 방해한다.
** 효모는 사이더용 외에 포도주/샴페인/잉글리쉬 에일 효모를 써도 된다.
*** 효모 영양제는 필수 재료는 아니지만, 만약 쓴다면 효모 활동을 돕고 조금 더 깨끗한 맛을 낼 수 있다.
**** 각종 양조 재료/도구/첨가제/소독제는 수제 맥주 재료 전문점에서 구할 수 있다.

만들기

1 재료를 모두 담을 수 있는 발효 용기, 에어락, 효모 준비용 컵, 숟가락 등 모든 도구를 소독한 뒤 말린다.
2 미지근한 물(섭씨 38도 정도) 1컵에 건조 효모를 넣어 살짝 저어준 다음 15분 정도 둔다.
3 사과 주스는 너무 차거나 따뜻하지 않게 준비한다. 섭씨 18도 정도면 적당하다. 주스를 소독한 병에 옮기고 준비한 효모를 넣는다. 효모 영양제를 쓴다면 이때 2g을 함께 넣는다.
4 병 입구를 막지 않은 채로 4~5분 정도 열심히 흔들어준다. (이 과정은 사과 주스에 산소를 충분히 투입해 효모 활동을 돕는다.) 병 입구를 에어락으로 막은 다음 시원한 곳에 보관한다.* 섭씨 18도 정도가 적당한데, 효모 종류마다 적정 발효 온도가 다르므로 효모를 살 때 확인한다.
5 24시간 후 효모 영양제 1.5g을 넣고, 다시 24시간 후 효모 영양제 1.5g을 넣는다.
6 닷새 후(효모 넣고 발효를 시작한 7일 후) 효모 영양제 1.5g을 넣는다.

* 에어락에는 물을 채우는 공간이 있어 외부 공기가 병 안으로 들어가는 것을 막고, 내부에서 발생한 가스는 밖으로 내보낸다.

병에 담기

1 발효에는 3~4주가 걸린다. 에어락에서 공기 방울 빠지는 속도가 30초 이상 벌어지면, 그날부터 1주일 뒤 발효를 마친다.*
2 나누어 담을 병(350mL짜리 10~12개 정도)과 병뚜껑을 소독해 말린다.
3 병 윗부분의 2~3cm를 남기고 사이더를 부은 다음, 설탕 1/2작은술(2g 정도)을 넣고 병뚜껑을 닫아 봉하고 흔들어준다.
4 시원한 곳에 3을 보관하고 약 2주 뒤부터 사이더를 즐긴다.

* 발효가 끝난 뒤 아래에 가라앉은 효모와 맑은 액체(사이더)를 분리하면 나중에 병에 나누어 담기 쉽다. (미리 다른 용기를 소독하고 말린 뒤에 사이더만 조심스럽게 부으면 된다.)

텃밭

 자급자족의 재미를 좀 더 알게 된 건 지난해 처음으로 텃밭을 일구면서다.

 땅이 풀어질 즈음 남편은 잔디밭 한쪽을 과감히 가로지르는 텃밭을 계획했다. 네모난 울타리가 세워지자마자 나는 쉴 새 없이 잔디와 잡초를 뽑았다. 일찌감치 집안에서 토마토와 오이, 애호박, 피망, 고추, 케일 모종을 키웠다. 여린 새싹들을 땅에 옮겨 심고 다시 잡초를 뽑으며 옷에 흙 마를 새 없이 따뜻한 날을 맞았다.

하지만 7월에 접어들자 온갖 풀이 환호성을 지르며 힘자랑을 했고 나도 그만 손을 들어야 했다. 씨앗 심기도 멈추고 가끔 부족한 곳에 물을 주다가 한여름에는 그것조차 하지 않고 내버려두었다. 제 키를 이기지 못한 야생 해바라기는 구부정하게 터널을 만들어 새와 나비를 끌어들였다. 두꺼비와 메뚜기, 사마귀, 딱정벌레, 풍뎅이, 거미, 노린재, 진딧물, 집게벌레, 개미, 지렁이도 제각기 할 일을 했다. 남편이 새로 들인 두 통의 벌들과 콜로라도 토종벌들도 큰 몫 했으리라. 풀들은 무섭게 다투어 자랐다. 그리고 그 틈에서 채소도 뿌리를 내리고 열매를 맺었다.

가장 이른 수확은 완두콩이었다. 콩깍지까지 연하고 맛이 좋아 샐러드에 얹어 먹기 좋았다. 땅이 녹자마자 급하게 심은 당근은 첫 이파리가 기지개를 켜자 누군가에게 뜯겼다. 그렇게 잎도 없이 손가락 한 마디 정도만 남은 줄기는 잡초에 둘러싸여 살아남았고, 한여름부터 뿌리가 굵어져 우리 식탁에 올랐다. 감자도 있었다. 싹 난 감자를 별 기대 없이 여기저기 파묻었는데 노랑 수술이 달린 수더분한 꽃을 피워 날 놀라게 했다. 사진을 찍어 엄마에게 자랑했더니, 엄마는 꽃을 꺾어주면 감자가 실하게 열린다고 알려주었다. 꽃이 아까워 반 정도만 꽃대를 꺾었고, 두 달 후 주렁주렁 달린 감자 캐는 재미를 보았다.

길고 뾰족한 잎을 가진 고추와 피망 모종은 한국 고추부터 멕시코 고추에 각종 피망까지 섞여서 뭐가 뭔지도 모르고 옮겨심었다. 하지만 여름 내내 모종마다 왠지 시들하고 키도 작아 기대를 접었는데, 수확기에 보니 무성한 풀 속에서 실한 열매를 맺고 있었다. 울타리 옆에 심은 덩굴 제비콩은 씨앗 하나로 두 사람이 먹고도 남을 콩 줄기를 키웠다. 소비가 생산력을 따라가지 못하니, 남은 것은 살짝 쪄서 냉동실에 넣었다가 추수감사절과 크리스마스 식탁에 올렸다. 덩굴 제비콩만큼 왕성하게 자란 게 있다면 토마토였다. 햇살이 잘 드는 자리에 심은 토마토 두 그루가 각각 오십 개 정도의 열매를 맺었다. 비싼 토마토를 한동안 사지 않아도 되었으니 우리는 절로 흥이 났다.

어느 날 벌통 뒤쪽에서 고고하게 핀 오크라꽃을 발견하고 환호성을 질렀고, 그 꽃이 떨어지고 자란 길쭉한 열매는 파인애플처럼 거꾸로 달려 자라기에 크게 웃었다. 팬지와 금잔화, 팔랑개비 국화, 서양 지치, 아루굴라, 열무에서도 꽃들이 쉼 없이 피고 지며 샐러드 접시에 보탬이 되었다. 벌들이 좋아할까 하여 심은 국화류와 데이지, 패랭이꽃, 매발톱꽃 같은 다년생 꽃들도 뜨거운 볕을 받아 만개했다. 토마토 곁에 심은 천수국은 흐드러지게 피어 날것들을 끌어모으는가 하면 모기를 쫓아 주기도 했다. 집 안에서 자라던 로즈메리와 타임, 바질, 박하는 땅에 뿌리를 내리자 더없이 행복해 보였다. 희고 아기자기한 고수꽃은 몸집이 작은 토종벌들이 즐겨 찾았고, 여기저기에 멋대로 크게 놔둔 야생 해바라기는 눈이 내리고서도 작은 새들을 먹여 살렸다.

  한국에서 가져온 참외 씨앗은 콜로라도의 건조한 풍토를 이겨내고 잘 커 줬다. 아쉽게도 옥수수와 시금치, 한국 열무와 배추, 들깨, 우엉, 더덕, 씀바귀는 뭐가 모자랐던가 잘 크지 못했다. 가장 기대가 컸던 한국 배추는 소담하게 모양을 갖추자마자 온갖 벌레의 잔칫상이 되고 말았고, 여기저기 뿌린 대두도 나지막이 자라다 말았다. 집과 함께 딸려 온 과일나무들도 큰 기쁨을 보지 못했다. 3월 말 서리를 맞은 사과나무와 체리나무는 열매를 전혀 맺지 못했고, 뽕나무는 뒤늦은 가지치기로 오디 하나 없이 잎만 무성했다. 가장 쓰린 결과는 진드기 때문에 잃은 벌 한 통이다.

  그래도 작년 한 해 받은 텃밭의 은총이 아직 남아있다. 모양과 크기가 다른 호박들은 반년이 지난 지금까지 우리 밥상에 오른다. 넓고 거친 호박잎 뒤에서 아이 몸통만큼 커버린 케일은 김치로, 콩잎과 고춧잎, 여린 호박잎은 장아찌가 되었다. 가루가 된 타임, 박하, 오레가노, 로즈메리, 아루굴라 잎도 갖은 요리에 감초 역할을 한다.

남편은 (게으름 피우기에 능한) 아내가 텃밭을 이만큼 일굴 줄 몰랐다고 한다. 나는 남편이 (벌꿀 술 만들 꿍꿍이가 있는 거 다 알지만) 벌에 관심 있는 줄 몰랐고, 벌 두 통 중 한 통이라도 한 해를 넘겨 건사했다는 게 대견하다.

남편은 한 달에 두어 번 벌통을 살핀다. 여왕벌이 잘 지내고 알을 계속 낳는지, 혹시 진드기가 생기진 않았는지 꼼꼼히 확인한다. 벌들이 목마를 일 없게 매일 접시에 물을 채우고, 혹시 물에 빠져 허우적거리는 놈은 건져서 햇살 아래 놓아준다. 그렇게 봄부터 가을까지 정성을 들인 끝에 남편은 처음으로 꿀을 조금 얻었다. 그 꿀을 맛본 남편은 이 동네에 흔한 라벤더와 러시안 세이지 맛이 난다고 평했다.

날씨가 추워지기 전, 남편은 꿀과 맥주, 김치를 이웃들과 나누며 벌이 농약에 민감하다는 안내지를 함께 건넸다. 양봉 수업 중에 받은 작은 안내지들을 못 버리게 하더니 남편은 이렇게 쓸 요량이었다. 이웃 할아버지들과 할머니들은 꿀맛이 참 좋다고 말했지만, 안내지가 큰 도움은 안 된 것 같다. 봄이 되자 그분들은 잔디밭을 가꾸기 위해서 수십 년 동안 해오던 대로 약품을 쳤다.

좁은 땅에 벌통까지 놓았으니 오며 가며 벌침을 맞아 며칠 고생하기도 한다. 그래도 양쪽 뒷다리에 노란 화분을 소복이 묻힌 벌들이 신기하기만 하다. 나선형으로 돌고 돌아 꽃을 찾아 나선

벌은 8킬로 밖까지 여행하고 그 먼 길을 잃지 않고 되돌아온다고 한다. 일벌들은 필요할 때마다 벌집을 짓는다. 티끌 없이 하얗고 불투명하며 한 치 오차 없이 반복되는 육각형 물결을 보고 있자면, 그 순수함과 완벽함에 숨이 멎을 것만 같다. 여왕벌은 육각형 벌집 한 칸에 하나씩 알을 낳고, 일벌들은 벌통 속에서 죽은 벌들을 밖으로 나른다. 때로는 지칠 줄 모르고 일하다가 커다란 화분을 양다리에 단 채로 꽃술에 묻혀 과로사한 벌들도 보인다. 그리고 옆집 할아버지가 잡초를 향해 약품을 찍찍 쏘는 날이면 혀를 내놓고 죽은 벌들이 어김없이 눈에 띈다.

흙을 가까이에 두니 신비로운 것 천지다. 겨우내 죽은 빛을 띠던 세이지는 계절이 바뀌면 푸르게 되살아난다. 퇴비 통 근처에 뿌리고 잊어버린 호박 씨앗 하나가 몇 개월 뒤 17kg짜리 호박을 만들어 내기도 한다. 개미 군단은 땅속에서 흙 알갱이를 하나씩 날라 지형을 바꾸고, 말벌은 자기 무게의 열 배쯤 될 먹잇감을 움켜쥐고 날아간다. 땅이 녹으면 개똥지빠귀는 잔디밭을 떠나지 않는다. 그저 멀뚱하니 선 줄만 알았지 180도로 돌아가는 눈을 열심히 굴리는 줄은 몰랐다. 순간 네댓 걸음 재빨리 옮기더니 노란색 주둥이로 지렁이를 콕 집어낸다.

가끔 우리 동네를 가로질러 콜로라도 강기슭으로 향하는 사슴 가족은 꼭 흙길로만 다닌다. 이른 봄 파릇하게 솟아난 튤립 이파리를 싹둑 잘라 먹거나 한여름 들장미를 뜯어 먹고 그 자리에 동글동글한 똥 무더기를 남긴다. 크고 작은 대여섯 마리가 무리 지어 다니는데 인간이 만든 정원을 쓱 걷거나, 넓은 보폭으로 라벤더 나무쯤 가볍게 뛰어넘어 아랫마을로 사라진다. 그 순간 예닐곱 발짝 떨어진 창 안쪽에 있는 나는, 사람만 한 동물과 내 앞마당이 이루는 위화감에 어쩔 줄을 모른다.

크기 하면 뒷집의 미루나무를 빼놓을 수 없다. 미루나무 세 그루가 이층집의 두 배 높이를 훌쩍 넘어 솟아있는데, 굵은 나뭇가지와 잎들이 바람을 만나면 숲속에 있다는 착각이 든다. 봄이면 이 미루나무로 돌아오는 독수리들이 있다. 터키 벌처라고 부르는 까만색 새로 양 날개를 펴면 그 길이가 1.6m가 넘는다고 한다. 해 질 무렵 텃밭에 쪼그리고 앉아 있으면 낮고 무겁게 펄럭이는 날갯짓이 들린다. 터키 벌처 열댓 마리가 미루나무로 모이고, 가지마다 띄엄띄엄 자리를 잡고 밤을 보낸다.

아파트가 편하다는 부모님 말씀은 옳다. 주택에 사니 일이 끊이지 않는다. 유월이면 미루나무에서 하얀 털들이 쏟아져 잡힐 듯 잡히지 않고 도망 다니며 차고 구석구석 쌓인다. 지난밤에는 바람이 무섭게 휘몰아치더니 나무 담장 두 짝을 쓰러트렸다. 집 안팎으로 끊이지 않는 일의 무게에 압도될 때면, 다음엔 아파트에 살자는 말이 절로 나온다. 하지만 따고 캐 먹는 재미를 알아 버렸으니 올해도 텃밭은 계속된다.

페스토 파스타

텃밭이나 화분에 심은 허브가 잎을 잔뜩 피우면 페스토를 만들 때다. 페스토는 바질과 올리브유, 마늘, 잣 등을 빻은 이탈리아 전통 소스다. 꼭 바질이 아니어도 좋다. 파슬리나 아루굴라, 케일로도 만들어 본다. 우리는 비싼 잣 대신 캐슈너트를 쓴다. 여기에 올리브유를 물로 대체하면 뱃속이 훨씬 편안하다. 다만, 물로 만들면 보관 기간이 짧으니, 냉장 보관해서 일주일 내로 소비하거나 냉동 보관한다.

재료 [4인분]

[페스토]
허브 잎 두 움큼*
잣/캐슈너트 1컵
마늘 5쪽
물 1컵
소금 1~2작은술

[파스타]
파스타 4인분(약 320g)
케일/시금치 1/2단

* 생바질/생파슬리/생아루굴라 등

만들기

1 모든 페스토 재료를 믹서에 넣고 곱게 간다. 소금은 취향에 맞게 조절한다. 파스타와 섞어 먹으므로 소스는 짭짤해도 좋다.

2 파스타는 조리법대로 80% 정도만 익힌 다음, 삶은 물 1컵 정도 남기고 나머지는 따라낸다.

3 페스토를 2에 붓고 고루 섞은 다음 약한 불에서 끓인다. 냄비 바닥에 눌어붙지 않게 중간에 섞어준다. 다시 끓기 시작하면 먹기 좋게 썬 케일이나 시금치를 넣고 섞는다. 중간에 필요하면 물을 조금 추가하고, 취향에 맞게 소금과 후추로 간한다. 파스타가 익으면 불을 끄고 대접한다.

* 적당히 썬 토마토나 채 썰어 말린 애호박을 3에 넣고 같이 익혀도 좋다.

씨앗

　식물에서 씨앗을 처음으로 받아 본 건 몇 해 전 집안에서 허브류를 키우면서다.
　슈퍼마켓에서 작은 바질 화분을 샀는데 몇 달 후 페스토를 만들어야 할 만큼 왕성히 자랐다. 바질 세 그루는 복스러운 잎을 실컷 터뜨리더니 줄기 꼭대기에 아기자기한 꽃을 피웠다. 하얀 꽃들을 단 줄기는 하루가 다르게 키를 늘렸고 한참을 피고 지던 꽃들이 잠잠해지자, 줄기는 갈색으로 물들고 기우뚱 처졌다. 잎을 다 따먹고 이제 이 줄기를 어쩌나 할 때쯤 화분에 새싹 두 개가 움터 있는 게 보였다. 복숭아처럼 둥글고 귀여운 이파리가 영락없이 아기 바질이었다. 어디에서 어떻게 씨앗이 떨어진 걸까?

뻣뻣하게 마른 줄기 하나를 꺾어서 털었더니 참깨보다 작은 까만 것들이 후두두 떨어졌다. 남편과 나는 이게 씨앗인가 봐, 하고 말할 정도로 식물에 문외한이었고, 씨앗 맞겠지, 하며 화분 빈 곳에 뿌려보았다. 한 줄기에서 워낙 많은 씨앗이 나왔기에 말 그대로 뿌리는 수준이었다. 몇 주 지나자 새싹들이 봉굿 터졌고 이내 길이가 60cm 정도 되는 화분을 가득 채웠다.

귀엽고 아깝고 미안했지만, 서로 다투다가 다 못 자랄까 봐 대부분은 솎아내서 샐러드나 토마토 수프에 고명으로 올렸다. 그리고 듬성듬성 남은 새싹들은 무럭무럭 자라서 세 뼘 넘게 컸다. 애들이 다시 꽃을 피웠다가 질 때쯤 우리는 이사를 하게 되었다. 먼 곳으로 가는데 화분을 모두 데려갈 수가 없었다. 접란과 허브 화분 여러 개를 주변 사람들에게 나눠주며, 고수와 바질에서 받은 씨앗도 끼워주니 의외로 좋아하는 이들이 많았다. 그때 조금 남긴 씨앗을 이사 후 심었고 그 후손들이 지금도 내 책상 옆에서 하늘하늘 크고 있다.

생각할수록 기막히다. 씨앗마다 특유의 유전자가 새겨져 있고, 흙과 물, 해와 바람의 기운을 받으면 정해진 대로 자기 모양을 찾아간다. 사람도 마찬가지겠지. 바질 씨보다 작은 정자와 난자에 우리 유전자가 새겨져 있고 그 미미한 것이 사람이 된다. 이 창조적인 경이로움을 생각하면 삼라만상 신비하지 않은 게 없다. 그리고 과연 그 시작은 무엇이었을지 생각하면 답을 알 수 없으니 내 머릿속은 그저 아득해진다.

작년에 텃밭에서 수확할 때마다 씨앗을 꼼꼼히 모았다. 필요 이상 많다는 걸 알면서도 작은 씨앗 하나가 그 무엇이 된다는 걸 알았으니 그냥 버릴 수가 없었다. 식물에서 받은 씨앗을 내가 실컷 쓰고도 남과 나누어 가질 수 있다니. 자연은 누구나 누릴 수 있도록 너그럽게 설계되었다. 그런데 이 풍요로움을 독점하고 팔 생각을 어떻게 할 수 있었을까?

세상에는 식물 종자로 특허를 받아 사람들이 자유롭게 쓰지 못하도록 법적 조치를 이용하는 이들이 있다. 그들은 자기네 종자로 농사지으면 생산량이 훨씬 많다고 홍보한다. 서로 다른 두 종자를 교배하거나, 유전자를 분리하고 조합해 만든 이런 종자에는 HYV high yielding varieties, 하이브리드 hybrid, GMO genetically modified organism처럼 사이보그에 붙을 만한 이름이 따라다닌다.

이렇게 개발된 새로운 특성을 가진 생물에는 특허가 주어진다. 그리고 특허받은 종자로 키운 작물에서는 씨앗을 받지 못하도록 법적으로 규제하므로 농부는 매번 씨앗을 다시 사야 한다. 설령 씨를 받아 다시 뿌린다 해도 변종이 많고 수확량이 줄어 농부로서는 씨앗을 다시 살 수밖에 없다. 심지어 2세대 씨앗은 스스로 독소를 분비해 죽도록 하는 유전자 조작 기술도 개발되었다. 터미네이터 씨앗terminator seed이라고 불리는 이 기술은 미국 농무부와 몬샌토가 소유하는데, 다행히 시민 사회 반대로 상업화에는 실패했지만 기술 개발은 계속될 것이다.[27] 이제 종자는 농부에게 일회용이 되어버렸지만, 다국적 생명공학 기업에는 화수분이 되었다.

우리나라는 1998년 외환위기 때 많은 종자 기업이 외국기업에 팔렸다. 김치에 쓰는 무, 배추, 고추는 물론 청양고추나 참외, 수박, 양파, 당근 등 자생 종자 중 반 이상이 다국적기업 소유라고 한다.[28] 이런 종자를 키우려면 외국기업에 특허 비용을 내야하고, 그에 따른 농산물 가격 상승은 소비자 몫으로 돌아간다.

해마다 사야 하는 씨앗을 F1 filial generation 1(자식 1세대) 종자라고 부르는데, 우리가 종묘상에서 구매하는 대부분 씨앗이 F1 종자라고 한다.[29] 지난해 우리 텃밭에서 잘 자라던 채소 중 올해 좀 시들한 것들이 있다. 텃밭을 집어삼킬 듯이 자랐던 대여섯 종류의 호박과 지치지 않고 열매를 맺던 오크라, 뿌리가 굵었던 당근 등이 올해는 자취를 감추었다. 내가 씨앗을 잘못 보관했는지도 모른다. 활력 없는 씨앗만 거둬들였을 수도 있고, 모종을 제대로 키우지 못했거나 터를 잘못 잡았을 수도 있다. 어쩌면 개미나 다람쥐가 씨앗과 새싹을 먹어버렸는지도 모른다. 아무리 그래도 작년보다 작황이 너무 형편없다 보니 F1 종자가 아니었나 의심해 본다. 나야 호박이 제대로 안 자라면 슈퍼마켓으로 달려가면 그만이다. 하지만 농사를 업으로 삼은 이들은 다르다. 제대로 키워 팔아야 한다. 그러니 농부들은 종자 회사가 파는 씨앗을 다시 살 수밖에 없다.

그런데 씨앗만 산다고 종자 기업이 말하는 높은 수확량을 올릴 수 있는 것도 아니다. 이런 종자를 제대로 키우려면 그에 맞춰진 화학 비료와 농약이 응당 딸려오고, 약품에 내성이 생긴 해충을 잡기 위해 시간이 지나면 더 독한 화학물질이 필요하다. 이렇게 종자 회사 의존도가 높아진 농업 구조에서 농가의 투자 비용은 올라갈 수밖에 없다.

부정적 영향은 농가에 그치지 않는다. 단일 품종 경작과 화학물질에 의존하는 산업형 농업은 자연의 공생과 재생능력을 빼앗는다. 유독성 화학물질은 토질을 떨어트리고, 지하수를 오염할 뿐만 아니라 강과 바다로 흘러들어 해양 생태계를 교란한다. 하지만 산업형 경작에 투입된 막대한 자연 자원과 환경오염, 생물 다양성 파괴에 대한 비용은 종자 회사가 홍보하는 높은 생산성에서 빠져 있다.

우리는 기술과 지식에 집착한 나머지 인류가 오랫동안 쌓아온 지혜에서 돌아섰다. 경험으로 쌓은 지혜를 우리는 잘 안다. 논밭에 오리나 우렁이를 풀어 놓으면 잡초를 갉아 먹어 제초제를 쓰지 않아도 된다. 가축 농가의 축분으로 퇴비를 만들고, 추수 후 볏짚은 가축에게 돌아간다. 돌려짓기와 혼작으로 땅이 혹사당하는 걸 막고, 휴경 중에는 호밀이나 갈퀴덩굴, 메밀, 유채 등을 심어 땅을 숨 쉬게 한다.

여러 작물을 함께 키우는 생태농업은 화학 비료나 농약 등 외부 투입물 의존도가 낮다. 대신 생물 다양성에 기대어 익충은 살려두면서 해충을 조절한다. 다양한 작물을 함께 키워 토양 침식을 낮추고, 비옥한 토양은 더 많은 빗물을 저장해 가뭄에 강하다.

반면, 단기 효율성을 중시하는 산업형 농업은 자연의 순환을 거스른다. 단일 품목의 높은 수확량이라는 기치 아래에 자연은 도구로 전락해 황폐해진다. 하지만 자연의 희생에도 불구하고 기아 문제는 해결되지 않았다. 지구인 열 명 중 한 명이 배고픔에 지쳐 잠들 때, 다른 한쪽에서는 과잉섭취로 인한 건강 이상과 음식 쓰레기 문제가 만연하다.

현재 우리 시대의 기아는 식량이 부족해서가 아니라 잘못된 분배에서 비롯한다. 유엔 식량특별조사관으로 활동한 장 지글러는 기아의 원인으로 곡물 가격을 주무르는 자들과 기아를 악용하는 국제기업, 국가 지도자들의 이해관계, 전쟁, 그리고 가축 사육 등을 꼽는다.[30] 소시민으로서 세계 0.1%의 부자나 내전을 일으키는 어느 국가 지도자의 선택에 영향을 끼치긴 어렵다. 하지만 육식을 줄이는 건 내가 당장 할 수 있는 일이다.

전 세계에서 생산되는 농작물 열량의 36%가 동물 사료로 쓰인다.[31] 하지만 그렇게 키운 가축에서 거둔 고기는 영양 과잉 지대로 몰린다. 좀 더 여유로운 사람들이 지나치게 즐기는 육식은 그렇지 못한 이들에게 돌아갈 수도 있는 꼭 필요한 열량을 빼앗는 효과를 낳는다. 그렇다면 더는 안 된다. 내 미각을 충족하려고 먹는 소고기 때문에 누군가의 한 끼 식사를 빼앗고 싶지 않다. 모두가 조금씩 육식을 줄인다면 지금의 비인간적인 식량 분배 구조에 영향을 미칠 수 있지 않을까?

작년 이맘때쯤 코로나바이러스 유행병으로 사재기 광풍을 겪은 이래 이런 상상을 한다. 먹을 게 모자라면 어쩌지? 바깥 세상이 무법지대로 변하면 식량을 어떻게 확보하지? 텅 빈 슈퍼마켓 선반을 직접 보고 총알이 동난다는 뉴스를 들으니 비상

상황을 생각하지 않을 수 없었다. 슈퍼마켓마다 씨앗마저 귀해진 걸 보면 다른 사람들도 나와 비슷한 생각을 했던 것 같다. 필요하면 키워서라도 먹자!

구하지 못한 씨앗은 우리가 먹는 채소에서 발라내 마련했다. 당근과 감자, 애호박, 토마토, 상추, 케일 등은 잘 자라서 한동안 사지 않아도 되었다. 풍성한 텃밭을 보니 싱싱한 채소를 먹는 데 그치지 않고, 저장해야겠다는 욕심까지 났다. 허브류는 말리고, 때 이른 서리에 급하게 거둔 열매와 잎으로 장아찌나 김치를 만들었다. 김치를 만들며 남은 배추 겉잎이나 무청도 말렸다가 식량 창고 한쪽을 채웠다.

지금 텃밭에서는 작년에 상추와 고수, 바질, 아루굴라가 자라던 자리에서 새싹들이 솟아난다. 꽃이 지고 씨앗이 떨어졌던가 보다. 혹시나 해서 밑둥치만 남긴 케일에서는 겨울을 이겨내고 푸른 이파리가 돋는다. 흙과 볕, 적당한 습기만 주어지면 식물은 자란다. 일부러 키우지 않아도 비름이나 쇠비름, 명아주, 민들레, 클로버도 흔하니, 좀 더 부지런하면 더 많이 수확하고 저장할 수 있을 테다.

이렇게 먹을 수 있는 걸 몰라서, 또는 귀찮아서 취하지 않고 버리면 그걸 대신할 음식이 필요하다. 그렇게 슈퍼마켓에 기대 살아왔다. 그랬던 우리가 유행병이 창궐한 시대 상황을 맞아 궁즉통을 배운다. 마음이 궁하니 몸이 움직였고 밥상은 저장 식품과 말린 채소로 풍성해졌다.

  우리는 여전히 슈퍼마켓에서 많은 식품을 사고 가계부의 가장 큰 지출을 한다. 아주 조금 기존 시스템에 덜 의존하는 삶을 맛보았을 뿐이다. 그런데도 그게 꽤 뿌듯하다. 창조적이고 독립적인 기분이 들고 작게나마 자급자족률을 높였다는 자부심이 생긴다. 더불어 텃밭을 일구는 다른 이웃을 돌아보게 되었고 지역에서 생산된 식품에 관심이 가기 시작했다.

씨앗 샐러드

한때는 올리브유와 식초 맛에 샐러드를 먹었다. 그러다 점점 채소 본연의 맛을 느끼게 되었다. 케일의 풋풋함과 상추의 아삭함, 아루굴라의 쌉쌀함이나 양파의 달착지근함, 당근의 달고 향긋함과 피망의 촉촉함, 그리고 겨자잎의 코를 찌르는 맛까지. 이처럼 갖가지 맛이 신선함과 어울려 입안이 바빠지면, 때때로 드레싱마저 잊는다.

여기에 삶은 콩을 더하면 어떨까? 콩이 가진 당분과 담백함은 생채소와 기분 좋은 조화를 이루는데, 그 맛에 길들면 소금이나 후추 없이도 샐러드 맛이 좋아진다. 여기에 파스타나 고슬고슬 지은 현미밥을 더하면 씹는 재미까지 생긴다. 씨앗 샐러드도 샐러드에 익숙해지는 괜찮은 방법이다. 해바라기씨, 호박씨, 참깨 등 갖은 씨앗을 섞어 넣으면 되는데, 채소에 올리브유와 식초를 미리 버무려서 대접하면 드레싱을 뿌려 먹는 샐러드와 사뭇 다른 맛을 볼 수 있다.

재료 [2인분]

각종 잎채소 2인분 *
씨앗류 2큰술 **
샐러드용 올리브유 1~2큰술
식초 2작은술

(선택)
허브 가루 1/2작은술 ***

* 케일/상추/깻잎/겨자잎/양배추/
  아루굴라 등
** 해바라기씨/호박씨/참깨/들깨/
  굵게 빻은 아마인 등
*** 바질/타임/파슬리/오레가노 등

만들기

1 큰 그릇에 씨앗/올리브유/식초/허브 가루를 섞는다. 씨앗류는 살짝 찧어서 넣어도 좋다.
2 먹기 좋게 썬 잎채소를 1에 넣고 살살 버무린다. 원하면 소금과 후추를 뿌린다.

장보기

 미국 농산물값은 한국 채솟값과 비교하면 싼 편이다.
 우리가 주로 이용하는 슈퍼마켓을 예로 들면, 사람 머리만 한 케일 한 다발이 2천 원이 안 되고, 2.3kg짜리 당근 한 봉지는 4천 원 정도에 판다. 모두 유기농 가격이므로 비유기농은 좀 더 쌀 테다.
 미국에서 농업으로 유명한 곳으로 캘리포니아와 아이오와,

네브래스카, 텍사스, 미네소타 등이 있다. 그중에서도 캘리포니아가 압도적인 규모를 차지하는데, 미국에서 생산되는 채소의 1/3, 견과와 과일의 2/3가 이 지역에서 난다.[32] 미국에서 유기농 인증 농장이 가장 많은 곳도 캘리포니아다.[33] 우리 동네 서너 군데 큰 슈퍼마켓을 돌아다녀 보면 유기농 잎채소에는 거의 캘리포니아 상표가 달려있다. 캘리포니아는 날씨가 온화하고 예로부터 크고 작은 홍수로 토질이 개선되어 농업에 적합한 환경을 갖추게 되었다고 한다. 덕분에 캘리포니아는 미국에서 농산물 생산으로 가장 많은 수익을 올린다.

그런데 슈퍼마켓에서 사는 유기농 잎채소는 사시사철 모양과 맛이 일정하다. 특히 케일은 어릴 때 엄마가 텃밭에서 길렀던 케일의 맛과 냄새가 전혀 나지 않는다. 그때 그 케일은 연두색 애벌레가 좋아해서 구멍이 숭숭 뚫리고 풋풋한 맛이 났는데. 캘리포니아 케일은 매끈한 모양에 맛은 밍밍하다. 품종이 달라서일 수도 있고, 어쩌면 온실처럼 통제된 환경에서 키워 모양과 맛이 일정한지도 모른다. 때로는 의문을 던지면서도 우리는 유기농 채소를 고른다.

유기농 인증을 받은 채소가 무조건 낫다고 확신하진 않는다. 유기농 채소에도 친환경 제초제나 살충제 외에 미국 농무부에서 승인한 약품을 쓸 수 있으므로, 농약이 전혀 검출되지 않는 건 아니다. 그나마 흙과 물을 덜 오염한다는 믿음으로 유기농을 산다.

다행히 슈퍼마켓이 유일한 선택은 아니다. 초여름부터 추수 때까지진 직거래장터에서 부족한 채소를 충당한다. 우리는 김치 파는 장터에서 옆자리 청년 카일의 채소를 산다. 카일의 농장은 해발 1.7km 산 중턱에 있는데, 친환경 농법으로 채소를 키워 지역 식당과 장터에 공급한다. 카일네 채소는 모양은 들쭉날쭉 하고 가끔 벌레 먹은 잎도 보인다. 하지만 금방 재배하여 수분 이 많고 쉽게 무르지 않아 오래 보관할 수 있다. 늦가을에는 카 일에게 마늘 한 접 정도 사서 김치와 장아찌를 만든다. 그리고 그중 굵은 것들은 골라서 뒤뜰에 심고 이듬해를 기약한다.

김치를 팔기 전까지는 직거래장터나 지역에 뿌리를 둔 작은 사업장에 관심이 없었다. 그런데 일주일에 한 번, 장이 서고 끝 날 때까지 자리를 지켜보니 어떤 흐름이 보였다. 여행객이나 가 끔 나들이 삼아 오는 지역 주민들 사이로 매주 시장을 보는 주 민들이 눈에 들어오기 시작했다. 그들은 지역 경제를 걱정하고 토산품을 아끼며 작은 사업장들이 꾸준히 이어지길 바랐다. 작 년 코로나19 유행병으로 상황이 어려웠어도 주최 측의 노력으 로 장터는 열렸고, 매번 방문자가 천 명이 넘을 정도로 성공적 이었다. 직거래장터에 의존하는 지역 농부들에게 정말 다행이 었고, 장을 볼 수 있는 사람들도 소중한 기회를 감사히 여겼다.

직거래 장터는 지역에서 키우고 만든 농산물과 저장 식품, 음식, 갖가지 공예품을 매개로 생산자와 소비자가 교류한다.

이렇게 중간 유통 단계가 생략된 모델에서 생산자는 적절한 가격을 보상받고, 소비자는 신선한 식품과 독특한 상품을 만날 수 있다. 유통으로 생기는 탄소발자국은 제로에 가깝다는 이점도 있다.

직거래장터처럼 중간 유통 단계를 최소화하려는 노력을 생활협동조합에서도 찾을 수 있다. 생협은 일정한 출자금을 낸 조합원들이 공동으로 소유하고 운영되며, 생산자와 소비자는 물론 환경을 생각한 공동체적 삶을 추구한다. 농약 사용을 최소화하거나 유기농법으로 기른 농산물을 취급하고 생산자와 직거래를 통해 유통 단계를 줄인다. 한국의 대표적 생협으로 한살림, 자연드림, 두레생협, 행복중심생협 등이 있다. 나는 한국에 가면 다른 형제들 따라서 한살림에서 장을 본다.

일이 년에 한 번쯤 한국에 돌아가면 물가 뛴다는 말을 절실히 느낀다. 유기농은 고사하고 비유기 농산물도 꽤 비싸서 채소 집는 손이 긴장한다. 대형 상점에서 가격에 놀라고 상품마다 성분표를 따지고 있자면, 차라리 생협 매장에서 마음 편히 장 보는 게 낫다는 결론에 이른다. 사실 나는 출자금을 내지 않기 때문에 마음이 좀 뜨끔하지만, 형제들이 모두 조합원이라는 사실에 슬쩍 묻어간다. 생협에서 파는 곡물은 슈퍼마켓보다 비싼 편이지만, 채소는 오히려 싼 게 많고 이상 기후로 인한 가격 변동이 적다는 장점도 있다. 가락시장을 제일로 여기는 엄마도 두부는 한살림이 더 싸다는 걸 잘 아신다.

한살림 누리집이 소개하는 '먹거리를 둘러싼 가치 기준'에 이런 것들이 있다. 먼저, 식량자급률을 높이기 위해 국산 먹거리를 우선 취급한다. 생산자는 같은 지역의 다른 생산자들과 협력하는데, 가축 농가에서 나오는 분뇨로 퇴비를 만들어 농사에 쓰고, 논밭의 볏짚과 쌀겨는 가축 사료가 되어 지역 자원 순환을 돕는다. 또한, 제초제나 성장조절제, 토양소독제 대신 오리와 우렁이, 천적을 이용해 해충을 잡고 잡초를 없앤다. 생산자와 소비자의 거리를 최대한 줄여 온실가스 감축에 앞서며, 모든 농산물은 잔류 농약 검사와 방사성 물질 검사를 거쳐 매대에 올린다.[34] 다른 생협들이 추구하는 원칙과 목적도 비슷하다. 그래서 먹거리와 건강, 생산자와 지역 사회, 지구와 환경에 관심을 둔 더 많은 이들이 생협을 찾는다.

하지만 생협의 덩치가 급격히 커지고 도시 내 수요가 늘면서 생산자와 소비자 거리가 멀어진다는 지적도 있다. 보기 좋은 농산물과 가공식품을 선호하는 소비 행태 증가로 못난이 상품이 외면받고, 가공 시설을 갖추기 어려운 소규모 생산자를 고립하는 결과를 낳기도 한다.[35] 싸고 안전한 먹거리를 얻는 데 머물지 않고 생산자의 고충까지 헤아린다면, 우리는 좀 더 넓은 선택을 할 수 있을 것이다.

써 보지 않은 제품 두 가지 중에서 하나를 골라야 할 땐, 어디선가 들어 본 쪽을 선택하기가 쉽다. 익숙한 게 왠지 더 믿을 만하니까. 그런데 제품의 가격에는 광고비가 책정된다는 글을 어느 책에선가 읽었다. 유명인을 내세워 찍은 광고료는 상품값에 매겨지고 그 부담은 소비자에게 돌아간다. 누가 비싼 모델료를 받고 어떤 광고에 출연했다는 기사를 읽으면, 돈 잘 번다고 생각만 했지, 그 값이 내 지갑에서 나가는 줄은 몰랐다.

아무 생각 없이 구매하던 손길이 주춤해졌다. 광고된 상품이 곧 좋은 상품을 뜻하는 게 아니라는 의심이 들기 시작했다. 물론 광고하는 상품 중 정말로 품질이 좋은 것도 있을 테다. 하지만 나는 광고나 그 광고에 쓴 모델 비용까지 부담하고 싶지 않다. 내가 원하는 좋은 상품이란 남들이 먹고 바르고 입으니 나도 사야 하는 게 아니라, 내 몸과 자연에 해를 끼치지 않으면서 나를 만족하는 것이면 된다.

그리고 몇 해 뒤 인터넷에서 흥미로운 도표를 보았다. 세계적으로 유명한 식품 브랜드 사오백 개를 단 열 개 기업이 소유한 그림이었다.[36] 우리 식탁에 올라오는 시리얼부터 빵, 우유, 과자, 초콜릿, 음료, 아이스크림 등 흔한 제품 이름들을 알아볼 수 있었다. 그리고 이 수백 개의 브랜드는 네슬레, 코카콜라, 펩시코, 켈로그, 유니레버, 다논 등 내 귀에 익숙한 기업들이 소유한다. 그들이 파는 제품을 좋아하고 살 수 있다. 다만, 이 도표를

본 후로는 무언가를 살 때마다 내 돈이 어딘가로 흘러들어 누군가를 지탱한다는 사실을 기억하게 되었다.

초국적 기업이 전 세계 공급망에 끼칠 영향은 막대하다. 그러니 그들이 어떻게 상품을 생산하는지 관심을 가져야 한다. 어디에서 어떻게 키운 원료를 쓰고, 원료 생산지와 생산자에 어떤 영향을 끼치는지 고려해야 한다. 생산 과정에서 직간접적으로 자연에 입힌 손해는 광고비와 달리 상품값에 매겨지지 않는다. 노동자 건강이나 지역 사회, 식수, 환경 등에 끼친 영향은 물건 가격표에서 빠져 있기 때문에 그 물건을 둘러싼 실제 비용과 다르다. 이렇게 물건 뒤에 숨겨진 비용은 생산자가 아닌 노동자나 공장의 지역 주민, 또는 미래 세대가 값을 치르기 때문에 외부화 비용이라고 한다.[37] 푸른 숲을 밀고 키우거나 독한 화학물질에 의존해 생산량을 늘린 상품은 시장에 싸게 공급되어 소비자를 현혹하기 쉽다. 그러니 나는 깨어있어야 한다.

적은 돈이라도 수천, 수만 개 모이면 누군가를 살릴 힘이 된다. 우리는 2019년 불붙은 일본 제품 불매운동으로 작지만 꾸준한 내 의지의 위력을 알게 되었다. 좋아하는 무언가를 평생 반복 구매할 횟수만 따져봐도 한 사람의 소비 영향력은 적지 않다.

흥미롭게도 우유, 버터, 달걀을 먹지 않으니 대부분 과자와 초콜릿, 요구르트, 아이스크림 브랜드는 우리 집 쇼핑 목록에 들지 않는다. 그중 유제품이나 달걀을 안 쓴 식품도 간혹 있지만, 열대우림을 파괴하며 키운 야자유나 유전자 변형 식물성 기름, 시럽 등을 쓴 제조사를 가려내면 별로 남는 제품이 없다.

자연에서 떨어져 사는 우리에게 환경오염은 당장 눈에 안 보일지 모른다. 하지만 그 영향은 지구에 의존해야만 하는 우리에게 반드시 돌아온다. 그러니 나는 땅과 물, 공기를 덜 오염한 상품을 선택할 수밖에 없다. 더불어 내 선택으로 생산자에게 정당한 값이 돌아가고 지역 경제를 지지한다면 더할 나위 없겠다.

현재 지구에서 이기로 똘똘 뭉친 파괴력으로 생태계 전체를 위협하는 유일한 종이 인간이다. 동시에 외부의 아픔에 공감하고 습관과 행동을 바꾸거나 연대로 변화를 일으킬 줄 아는 것도 인간이다. 우리가 할 수 있다는 걸 알기 때문에 희망을 버릴 수 없다.

지구의 신비와 아름다움이 오래도록 이어지길 바란다. 그리고 그 안에 인간도 있었으면 좋겠다.

바느질

주택에 살며 텃밭을 가꾸다 보니 계절 따라 일과도 바뀐다.

날이 풀리면 집 안팎과 울타리를 살펴 허물어진 데를 고치고 마른 나뭇가지들과 낙엽을 쓴다. 필요한 데가 있으면 페인트칠을 하고 지붕에 올라가 태양광 패널을 닦는다. 아주 드물긴 하지만 여유가 되면 창문도 닦는다. 실내용 화분 흙을 갈아주고 퇴비를 뒤집어주고 작년에 미처 마무리 못 한 죽은 식물을 뽑아 정리하면서 올해는 어디에 뭘 심을지 그려본다. 이것저것 하는 것 같지만 나날이 따뜻해지는 날씨에 쫓기며 모종 키우는데 대부분 시간을 보낸다.

나는 직거래장터가 열리는 유월부터 시월까지 매주 김치를 담그고 일주일에 한 번 장터에 나간다. 남편은 재택근무하는 틈틈이 집 안팎을 돌본다. 아니, 집과 뜰을 보살피고 시간 내서 회사 일을 하는 게 더 적당한 표현일지 모른다. 남편이 여름에 가장 많은 시간을 보내는 건 관개 시설이다. 때 되면 망가지는 스프링클러와 낡은 수로와의 싸움이 계속된다. 물이 새는 흔적이 보이면 두더지처럼 땅에 붙어 지내고, 부품 종류나 크기를 한 번에 맞춰 사는 경우는 드물므로 하루 두 번씩 철물점을 드나든다. 시시포스의 형벌 같은 잔디 깎기와 2주에 한 번씩 벌통을 훑어 살피는 것도 남편의 우선순위에 있다.

시월 말이면 뜰에 들어오는 콜로라도강물이 끊긴다. 텃밭도 서서히 겨울잠을 준비하고 직거래장터도 문을 닫아 김치 장사가 한가해진다. 마침내 바깥일에서 벗어난 남편은 맥주와 장을 비롯한 다양한 발효 실험에 들어가고, 장작을 패거나 소소한 것을 고친다. 나에게 겨울은 바느질의 계절이다.

꾸준히 즐기는 프로젝트는 깔개 만들기다. 안 입는 옷이나 중고 옷 가게에서 산 옷가지를 길게 잘라서 땋고 바느질하면 도톰한 깔개로 변신한다. 크기에 따라 개수대 앞에 놓거나 양탄자 대신 깔고, 작은 건 화분 받침으로 쓴다. 자잘한 바느질도 있다. 커피나 맥주 만들 때 쓸 거름망, 식탁에서 휴지 대신 쓸 냅킨, 행주, 손수건, 앞치마, 식탁보, 보자기, 마스크, 옹기 덮개 등 덜 입체적인 생활용품을 주로 만든다.

정말 어려운 프로젝트는 옷 만들기다. 옷부터 시작하는 건 감도 못 잡고, 그저 불편한 옷을 고쳐 입는 정도다. 그중에서도 내 일생의 목표는 소매 없는 티셔츠 특수 제작이다. 자세히 말해서 브래지어 대신 입을 러닝셔츠를 만드는 일이라 할 수 있다. 하지만 옷 만들기에 대한 기본 이해가 부족하고 바느질 솜씨도 어눌하니, 몸에 맞지 않는 티셔츠의 소매를 잘라내고 가슴에 도톰한 천을 덧대는 정도다.

피부를 조이고 가슴을 옥죄면서 몇 가지 기성품에 몸을 끼워 맞춰 봉긋하게 보여주는 브래지어를 말하자면 단편 소설 하나 쓸 수 있을 테다. 도대체 누구를 위한 장치인지 알 수 없다. 불편하고 땀 차고 소화불량까지 일으키니 내 삶의 질엔 도움이 안 된다.

우리 몸 생김 그대로 받아들이고 편안하게 입고 살면 좋겠다. 그런데 유난히 유두가 눈에 띄게 옷을 입은 남자들이 나에게 성숙한 깨달음을 줬다. 아! 내 유두도 남에게 불쾌감을 줄 수 있겠구나! 내가 싫은 걸 남에게 강요하지 않는 선에서 옷을 갖춰 입어야겠다고 생각했다. 그래서 찾은 해결책이 빳빳한 옷감이나 글자, 문양이 새겨진 천을 잘라서 덧댄 민소매 티셔츠다.

대용품 개발에 자체적으로 나서고 있으니 이제 브래지어는 문제가 아니다. 지난 오륙 년 동안 나를 괴롭힌 건 옷감이었다. 채식 시작하기 한 해 전쯤인가 미세 플라스틱이라는 말을 처음으로 들었다. 합성섬유로 만든 옷을 빨 때마다 빠져나오는 미세 플라스틱이 하수 시설을 통과해 바다로 흘러든다는 사실을 알고 경악했다.

미세 플라스틱은 종류에 상관없이 5mm 이하의 작은 플라스틱을 아울러 일컫는다. 주로 산업 현장이나 의류, 미용용품 등에서 자연 생태계로 흘러드는데, 초극세사처럼 본래 작게 만들어진 플라스틱도 있고, 생수병같이 큰 플라스틱이 세월 따라 아주 작게 부서져 미세 플라스틱이 되기도 한다.

잘게 쪼개진 플라스틱은 바다 생물의 먹이와 분간하기 어렵다. 이런 플라스틱을 먹은 바다 생물은 소화기관에 문제가 생기고, 때로는 플라스틱 때문에 배가 부르다고 착각해 급기야 기아로 죽기도 한다. 미세 플라스틱 문제는 바다에서 끝나지 않는다. 하수 처리장에서 거른 미세 플라스틱은 종종 농장의 비료로 공급되어 다시 지하수로 흘러들거나 동물이 먹는다. 먹이 사슬의 최상위에 있는 인간에게 축적됨은 두말할 것 없다.

지구 덕분에 숨을 이어가는 처지에 최소한 해악을 끼치고 싶지 않다. 인간을 널리 이롭게 하진 못해도 적어도 누군가의 생명을 단축하진 말아야지. 그때부터 가능하면 천연 소재 옷감으로 만든 옷을 찾았다. 쇼핑할 때면 꼼꼼히 상표를 살펴 합성섬유를 가려냈다. 고민은 많아졌다. 설거지할 땐 빳빳한 행주나 삼베 천을 잘라 수세미로 쓰고, 요가 바지와 플리스 조끼에서 빠져나가는 초극세사를 잡아준다는 세탁 주머니도 사본다. 그런데 물만 겨우 드나들 수 있는 이 주머니 소재도 합성섬유 같은데 과연 여기에서는 미세 플라스틱이 안 나오려나? 결벽에 가깝게 합성섬유를 피하려 했지만, 천연 소재로만 만든 옷은 찾기 힘들다는 깨달음과 함께 쇼핑 횟수도 줄었다.

소비자로서 지구를 위해 할 수 있는 가장 큰 기여는 적게 사고 오래 쓰는 소비 습관일 테다. 하지만 나는 미니멀리스트가 되지 못했다. 오륙 년 동안 참아온, 한편으로는 잊고 살았던 쇼핑 욕구가 작년에 터졌다. 추운 계절이 다가오고 있었고 이곳저곳에서 할인행사가 열렸다. 옷감 표시는 확인하지 않고 가볍고 따뜻하고 마음에 드는 디자인을 골랐다. 가벼우면서 따뜻한 실용성을 따지자면 플리스나 아크릴 같은 합성섬유를 이길 수 없다.

욕구는 충족시켰으나 이제 어쩐담? 내 결론은 간단했다. 옷을 덜 빨기로 했다. 카디건이나 스웨터, 겨울 바지 등 부피가 큰 겉옷은 일 년에 한두 번 정도 빤다. 피부에 닿는 옷 중에서 부피가 작은 것은 샤워하면서 재빨리 빨아서 넌다. 오염된 부분이 있으면 곧바로 부분 세탁을 해주고, 좀 찜찜하다 싶으면 묵은 먼지를 털어서 햇살 아래에 넌다. 이렇게 일광욕 겸 옷에 바람 쐬어 주면 기분만은 산뜻하다.

사실 근본적이고 효과적인 해결책이 절실하다. 미세 플라스틱을 거를 수 있는 필터를 개발해 세탁기 내 설치를 의무화하고, 하수 처리 과정에도 같은 시스템을 적용해야 한다. 의류 회사들은 친환경 옷감 사용률을 높이고, 오래 입을 수 있는 양질의 옷을 만들 필요가 있다. 그리고 우리는 깐깐하게 옷을 고르고 눈을 높여 패스트 패션을 발전시킨 기업들을 긴장하게 해야 한다. 초국적 의류 기업들에 환경친화적인 원자재 도입과 제조 공정을 요구하고, 그들이 저개발 국가의 공장에서 일하는 노동자에게 안전한 작업 환경과 정당한 처우를 제공하도록 감시해야 한다.

다행히 몇 해 전부터 마와 리넨으로 만든 옷이 유행하며 옷감이 조금이나마 다양해졌다. 하지만 천연 소재라도 원료를 기르는 방법과 제작 공정 등에 따라 환경 영향 정도가 다르다. 심지어 촉감 좋은 면조차 물 사용 측면에서 친환경적이라고 할 수 없단다. 자연보호 하기 정말 어렵다. 도대체 어떤 옷감으로 만든 옷을 골라야 할까?

옷감

섬유는 크게 천연 섬유와 인조섬유로 나눈다.

식물에서 얻은 천연 섬유로 면, 마, 리넨 등이 있고 동물에서 얻은 견과 모가 있다.

인조섬유는 크게 합성섬유와 재생섬유, 반합성섬유 세 가지로 나눈다. 폴리에스터, 나일론, 아크릴, 폴리우레탄처럼 석유나 석탄을 원료로 한 것은 합성섬유라 부른다. 식물성 원료를 분해해서 섬유로 만든 레이온(모달, 비스코스, 라이오셀 등)은 재생섬유에 속하고, 아세테이트처럼 천연 섬유소에 화학약품으로 가공을 거쳐 합성화된 것은 반합성섬유로 여긴다.

옷감 표시를 볼 때마다 암호와도 같은 이름이 수두룩해 좌절하곤 했다. 내친김에 큰마음 먹고 앉아서 정리해 본다.[38]

합성섬유

합성섬유는 석유나 석탄을 원료로 한다. 가볍고 부드러우면서 신축성이 좋은 데다가 천연 섬유보다 싸기 때문에 의류 산업계에서 호황을 누린다.

속옷과 운동복, 신축성 좋은 청바지 등에는 폴리우레탄을 주원료로 하는 스판덱스나 나일론을 쓴다. 가볍고 보온성이 좋은 아크릴은 다른 합성섬유와 혼방해 니트 의류에 많이 사용한다. 가격이 싸고 구김이 덜 가는 폴리에스터는 천연 섬유와 혼방하기 좋아 의류는 물론 가방, 커튼, 가구 등 생활용품에 널리 쓴다. 2018년 기준으로 합성섬유 생산량은 6천6백만 톤을 넘어 전 세계에서 제작된 직물의 약 63%를 차지한다.[39]

합성섬유는 석유에서 만들었으니 물보다 기름과 친하고, 물을 잘 흡수 못 하는 성질 때문에 정전기가 쉽게 생긴다. 가볍지만 보풀이 잘 생기고, 옷을 빨 때마다 수십만 개의 초미세 섬유가 떨어져 나오는데, 이런 현상은 낡은 옷일수록 심해진다. 게

다가 그 크기가 워낙 작아서 하수 처리 시스템을 빠져나가 바다로 흘러든다. 이 작은 입자들은 바닷속의 농약이나 화학약품 등 온갖 오염물질을 흡수하는 성질을 지녔고, 그렇게 독을 품은 폭탄 같은 상태로 물고기의 배 속으로 들어간다.[40]

반합성섬유에 속하는 아세테이트나 트라이아세테이트는 식물을 원료로 하지만, 강한 화학약품 처리가 요구되고 물 사용량이 매우 높다.

재생섬유

레이온은 식물에서 얻은 소재로 만든 섬유를 일컫는다. 펄프에서 셀룰로스를 추출해 실로 만들기에 재생섬유로도 불린다. 비스코스, 모달, 라이오셀 등은 모두 레이온 종류다.

레이온은 부드럽고 광택이 좋지만 구김이 잘 가고 세탁 후 변형이 있으며, 보온성이 약하고 불에 잘 탄다. 식물성이므로 생분해되지만, 제조 과정에서 독한 화학약품을 써서 환경오염과 노동자 안전 문제를 일으킨다. 우리에게 인조견으로 알려진 비스코스 레이온viscose rayon은 대나무나 아카시아 등으로 만드는데, 이런 나무를 키우려고 숲 파괴가 빈번히 일어난다.

너도밤나무로 만드는 모달modal은 윤이 나는 부드러운 촉감을 지녔고, 습윤강도가 높으며 수축이 덜 하지만 비스코스나 면보다 비싸다. 레이온보다 내구성이 강하면서 부드럽지만, 역시 제작 과정에서 수산화나트륨이나 이황화탄소 같은 용제를 쓴다. 모달은 1950년대 일본에서 개발되었고, 지금은 오스트리아 회사 렌징Lenzing AG Company에서 대부분 생산된다. 렌징 모달은 지속 가능한 방법으로 길러진 원료를 쓰고 친환경적으로 제작한다고 알려져 있다. 하지만 그렇지 않은 방법으로 모달을 제작하는 다른 회사들도 많다.

전통적으로 리넨이나 삼베를 만들듯이 화학약품을 쓰지 않는 침수 처리로 대나무에서 뽑아낸 섬유도 있다. 이는 대나무 리넨이라고도 불리는데 환경 영향은 적지만 흔치 않고 값이 비싸다. 보통 대나무 섬유는 생산 과정이 수월하도록 수산화나트륨이나 이황화탄소 같은 화학약품을 사용한다. 큐프라cupra/cupro는 목화솜 부스러기로 만든다는 점에서 자원 활용 이점이 있지만, 역시 화학약품(구리암모늄용액) 처리 과정을 거치고 물 사용량이 많다.

라이오셀lyocell은 친환경적인 레이온으로 알려졌다. 펄프를 녹이는 용제로 독성이 덜하거나 없는 화학약품을 쓰며, 생산 과정에서 나오는 폐기물을 공장 내에서 재활용하므로 용제 회수율이 높다. 하지만 이를 위해 많은 에너지를 소비하는 단점이 있다. 라이오셀은 우수한 광택과 부드러운 촉감, 뛰어난 흡습성, 강한 내구성이 특징이지만, 면이나 비스코스보다 비싸다.

라이오셀은 1970년대 미국에서 개발되었고 이는 80년대에 이르러 텐셀tencel의 초석이 되었다. 이후 텐셀은 몇 개 회사를 거쳐 현재 렌징의 소유가 되었다. 렌징 텐셀은 물과 농약을 적게 쓰며 지속 가능한 농장에서 기른 유칼립투스 나무를 쓴다. 텐셀은 탁월한 흡수력 덕분에 염료를 적게 쓰며, 공정 결과 섬유가 본래 하야므로 표백하지 않는 장점이 있고, 자연에서 생분해된다. 다른 라이오셀 상표로 인도의 벌라Birla사에서 만든 Excel, 핀란드의 한 대학에서 개발한 Ioncell-F 등이 있다.

천연 섬유

면 cotton

면은 내구성이 좋고 땀 흡수가 잘 되며 바람이 잘 통하면서 촉감이 좋아 의류와 가구 등 생활품에 널리 쓴다. 그런데 목화는 날씨 변화에 민감하고 해충에 약해 키우기 어려운 작물이다. 목화 농업은 세계 경작지 중 2.5%를 사용하지만, 화학 비료 사용량의 10%, 살충제 사용량의 25%를 차지한다.[41] 지나친 농약 사용은 토양과 수질을 오염할 뿐만 아니라 노동자의 안전도 위협한다. 세계보건기구는 매년 농부 2만 명이 농약 때문에 사망한다고 보고하는데, 그중 대부분 피해는 안전 장비가 부족한 개발도상국에서 일어난다.[42]

목화는 자연 자원을 빨아들이는 산업으로도 유명하다. 통상적으로 단일재배에 의지하는 목화밭은 토질이 급속히 나빠지고 생태 균형이 깨지기 쉬우며 그 결과 더 많은 농약과 비료를 써야 한다. 목화 산업의 또 다른 심각한 문제는 물 사용량이다. 세계자연기금에 따르면 면 티셔츠 한 개를 생산하는데 드는 물의 양은 한 사람이 900일간 충분히 마실 수 있는 양(약 2,700L)과 같다고 한다.[43]

화학약품을 쓰지 않는 유기농 목화가 대안이 될 수 있다. 유기농 목화 농가는 돌려짓기로 토질을 관리해 물을 덜 쓰고, 친환경적인 방법으로 해충은 죽이면서 익충을 끌어들여 생산량을 늘린다. 다만 농약을 쓰는 목화밭보다 수확량이 적어 우리가 필요한 목화를 유기농으로 모두 대체하려면 더 넓은 땅이 필요하다. 그래도 환경 보호와 농약에 노출된 농민 및 동물 보호 측면에서 유기농법은 확대되어야 한다.

리넨 linen

인류는 오래전부터 식물 줄기 바깥 조직에 있는 섬유를 이용했다. 인피 섬유가 잘 발달한 대마나 아마로 실을 만들고, 닥나무나 삼지닥나무로는 종이를 만든다. 그중 아마에서 추출한 실이 리넨이다. 아마는 불모지에서 농약 없이도 잘 자라기에 경작지를 아낄 수 있고, 목화보다 물 사용량이 적으며 이산화탄소를 잘 빨아들여 환경에 이롭다.

리넨은 물에 오래 담가두는 침수 처리법으로 생산하는데, 그 과정을 촉진하기 위해 화학약품을 쓰기도 하고, 처리 과정에서 약품이 빠져나가 수질 오염 문제가 제기된다. 대신 우로법dew retting이나 효소 처리enzyme retting 등으로 문제를 해결하려는 노력도 있다.

리넨은 통기성이 좋으면서 보온 효과도 있어 사계절용으로 제작된다. 그밖에 내구성이 강하고 벌레가 슬지 않으며 자연에서 생분해되는 장점도 있다. 리넨은 구김이 잘 가는데, 그 때문에 다림질이 필요해 에너지를 많이 쓴다는 지적을 받곤 한다. 하지만 노르스름한 리넨 옷은 적당히 구김 있는 게 멋이라 다림질을 안 해도 좋다. 참고로 하얀 리넨은 표백 과정을 거치므로 피하는 게 좋다.

삼베 hemp cloth

대마에서 뽑은 삼베는 땀을 빨리 흡수하고 배출하며, 항균성과 자외선 차단 기능이 있다. 리넨처럼 겨울에는 따뜻하고 여름에는 시원하며 무게가 가볍고 흡수력이 좋은 데다가 튼튼하고 오래 간다.

대마는 해충에 강해 농약이나 제초제를 쓸 필요가 없고 물을 적게 쓴다. 또한, 나무보다 자라는 속도가 빠르므로 같은 면적에서 키우는 목화나 아마보다 수확량이 많다. 무엇보다 대마는 토질이 좋지 않은 땅에서도 잘 자라며, 옷감 외에 씨앗이나 기름 등 부산물로 식량 지원도 가능하다. 대마는 경작하는데 손이 덜 가는 작물이지만 성장 속도와 수확량을 높이기 위해 화학약품을 쓰기도 한다. 가능하면 천연 염색한 삼베를 고른다.

황마 jute

황량한 땅에서 농약 없이도 잘 자라는 황마는 성장 속도가 빨라서 환경친화적인 섬유로 꼽힌다. 황마는 아주 튼튼한 성질 덕분에 무거운 것을 담는 자루나 노끈, 밧줄, 깔개 등을 만드는 데 쓰인다.

모시 (저마) ramie

모시는 모시풀 껍질의 섬유로 짠다. 삼베보다 짜임새가 곱고 광택이 있으며, 곰팡이와 벌레, 곤충에 강하다. 까슬한 촉감에 바람이 잘 통하며 습기가 빨리 말라 여름 옷감으로 쓴다. 모시는 구김이 잘 가고 신축성이 없는 대신 옷 모양을 그대로 유지하는 특징이 있다. 전통적으로는 물에 담갔다가 햇볕에 말리는 과정을 반복해 표백한다.

견 (비단) silk

누에고치에서 얻은 명주실로 짠 섬유다. 누에나방 애벌레인 누에는 실을 뽑아 고치를 짓고 그 속에 들어가 번데기가 된다. 이 번데기가 나방으로 변하면 고치를 뚫고 나오는데, 이때 고치의 실이 끊기는 걸 막기 위해서 상업적 공장에서는 번데기가 나방으로 변하기 전에 고치를 말린 뒤 삶는다. 이렇게 인위적으로 생명을 단축하는 과정 때문에 문제가 제기된다.

양모 wool

흡습성이 뛰어나고 질기면서 주름지지 않고 따뜻하다. 하지만 양모 산업은 열악한 사육 환경, 동물 학대, 항생제와 호르몬제 및 화학약품 남용, 불투명한 축분 처리, 토양 및 수질 오염과 심각한 메탄 배출량 등 갖은 문제가 따라온다. 차선책으로 가축 사육 환경에 대한 규제를 지키는 유기농장의 양모나, 자투리 양모를 모아 만든 재활용 모직물이 있다.

가죽 leather

가죽은 동물권 외에 심각한 환경 문제와 노동자 안전 문제를 동반한다. 제작 공정에 독한 화학약품을 사용하며, 무두질에 동원되는 미성년자 노동력 문제와 가축 사육에 드는 환경 비용도 있다.

그렇다고 인조가죽으로 그 자리를 대신하자니, 이 역시 화학약품 사용과 유해 물질 발생, 노동자 건강 위협, 쓰레기 매립, 환경오염 문제 등을 피할 수 없다. 그렇다면 질기고 오래가는 진짜 가죽을 사서 오래 쓰는 게 환경적으로 더 나은 선택이 아닐까, 하는 생각이 다시 든다. 하지만 이런 핑계는 다른 친환경 대체품이 전혀 없을 때나 통한다.

지금 우리는 더 나은 선택을 할 수 있다. 코르크나 종이, 판지, 나무껍질, 해조류, 코코넛, 파인애플, 나뭇잎, 버섯 등으로 만든 각종 패션 액세서리와 가구, 잡화 등이 등장하고 있다. 이런 제품들은 의외로 내구성이 강하고 색감도 독특하다. 다만 아직 상용화되지 않아 일부러 찾아서 주문해야 하는 불편함이 있다. 하지만 우리는 인터넷과 해외 배송이 평범한 시대에 살고 있다. 적게 사서 오래 쓰고 싶다면 이런 독특하고 흔치 않은 물건을 소유하는 것도 좋겠다.

공부한 바를 정리하면, 모든 천연 섬유와 재생섬유로 만든 의류는 (재봉실이나 상표 원단을 따지지 않는다면) 미세 플라스틱을 배출하지 않는다. 재생섬유 중 레이온, 인견, 비스코스, 모달 등은 제조사에 따라 차이가 있으나, 대개 화학 용제 사용으로 노동자 안전과 환경 문제가 따른다. 재생섬유 중 라이오셀이나 텐셀은 환경 영향이 적은 원료를 쓰고, 독한 화학약품 사용을 최소한으로 줄이면서 용제를 재사용하니 친환경적인 선택으로 꼽을 수 있겠다.

가장 아쉬운 점은 면이다. 생활에 널리 쓰는 면은 천연 섬유지만 자원 집약적이라는 단점이 있다. 면은 땀 흡수와 배출 기능도 좋지만, 무엇보다 부드럽고 촉감이 좋아서 피부에 잘 맞는 옷감이다. 나에게 면직물 포기는 육식 포기보다 더 어려운 도전이다. 순면 수건이나 행주, 면 속옷을 무얼로 대신할 수 있을까?

꼭 면 제품을 사야 한다면 가능한 공인된 유기농 면을 고르고, 최대한 잘 관리해 오래 써야겠다. 요즘은 대형슈퍼마켓에서도 유기농 면으로 만든 속옷이나 기본 셔츠를 찾을 수 있다. 생협 매장에서는 무형광, 무표백, 무염색 수건을 팔고, 인터넷으로 눈을 돌리면 선택권은 더 넓다. 헌 옷 가게도 대안이다. 새것이나 다름없는 옷이 생각보다 많아서 보물 찾는 기분이 들고, 면 옷을 사면서 죄책감이 덜 하다.

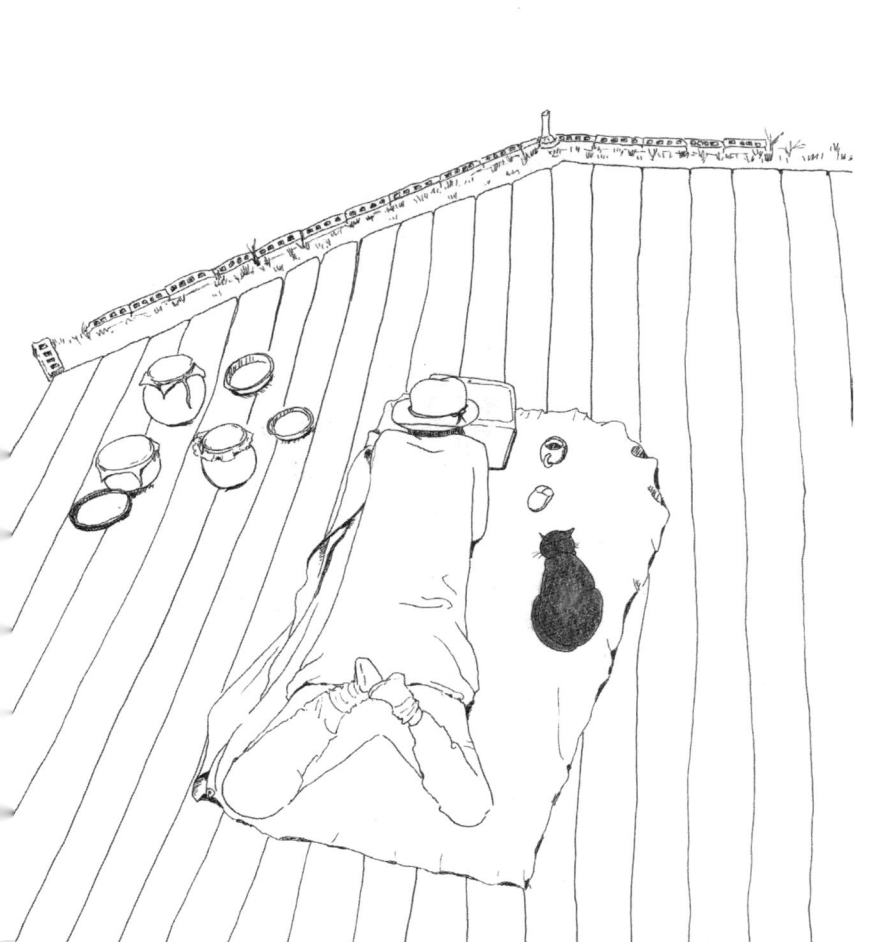

아나바다

　미국인들은 모르는 사람과 인사말을 나누는데 인색하지 않다.
　눈을 마주치고 살짝 미소를 보이거나 간단한 인사말을 건네 적대감이 없음을 알린다. 거침없이 주장을 펴고 눈치 보지 않고 옷을 입는 그들의 행동은 편리하고 실용적이면서 시원한 인상을 준다.

그들의 거리낌 없는 행동 중 나를 놀라게 한 게 있다면 높은 일회용품 사용이다. 호텔이나 식당에서는 일회용품을 많이 쓰는데, 사용 후에는 플라스틱이나 종이는 물론 음식 쓰레기까지 전부 한 통에 쓸어 담는다. 지역마다 재활용 시스템이 다르긴 하지만, 우리가 사는 작은 도시의 거리에서는 분리수거함을 보기 힘들다.

꼼꼼한 분리수거가 자리 잡은 한국에서 온 나는 이런 모습을 미개하게 보았다. 그렇다고 내가 그들보다 고고하다고 할 순 없다. 내 실상을 따져보면 분리수거를 안전장치로 여겨 포장 제품을 큰 죄책감 없이 구매하는 수준이다. 재활용 통에 넣는다고 다 재활용되지 않는다는 사실을 모른 척할 뿐이다.

음식물 같은 이물질이 묻거나 여러 소재가 혼합된 용기는 재활용 과정이 복잡하므로 보통 폐기된다고 한다. 생산자로서는 포장재를 재활용하기보다 새로 만들 때 돈이 더 적게 든다는 말도 있다. 의류 재활용 성과도 그리 좋지 않다. 많이 생산하는 만큼 재활용률을 높이면 좋겠지만, 전 세계 의류 소재 재활용 비율은 12%에 그친다.[44] 옷가지 또한 재활용이 까다롭기 때문이다. 상표와 단추, 지퍼, 봉제실은 물론 염료와 혼합된 섬유를 각각 분리해야 하므로 작업이 복잡해진다.

플라스틱은 무한대로 재활용할 수 없다는 허점도 있다. 생수

병이나 음료수병은 재활용 과정에서 그 질이 떨어져 다시 식품에 사용하기가 어렵다.[45] 대신 옷감이나 생활용품으로 만드는데, 이 공정에는 화학약품이 필요하고 보통 다른 합성섬유와 섞어 쓴다. 그러므로 이후 재활용은 거의 불가능해 매립장으로 향할 수밖에 없다. 플라스틱으로 만든 옷은 세탁할 때마다 초극세사가 나오는 것은 물론이다.

도대체 어떻게 해야 할까? 원료나 공정 단계 개혁이 가장 획기적인 방법일 것이다. 친환경 재료와 포장 용기를 개발해 사용률을 높이고, 포장을 최소한으로 줄이거나 상표 분리가 쉽게 제작하는 게 통제 불가능한 사후 처리보다 효과적이다. 그렇다고 덩치 큰 기업들이 움직이기만을 마냥 기다릴 순 없다. 나는 내가 할 수 있는 일을 한다.

샴푸, 물비누, 설거지 비누를 고체 비누로 바꾸고, 칫솔은 대나무 칫솔로, 치실은 천연 소재 치실로 바꿔본다. 시장에 갈 땐 장바구니와 채소 담는 재사용 주머니를 여러 개 준비한다. 포장재 중 봉지류는 따로 모았다가 쓰레기 담는 용도로 재활용한다. 분리수거 업체에서 거두지 않는 일회용 용기는 쌓아두었다가 반찬통이나 수납함으로 쓰기도 한다. 종이컵, 휴지 심, 우유갑, 두부나 과자 용기는 모종 키우는데 요긴하다. 또, 부엌에서 버려지는 물은 따로 받아 놓았다가 화분이나 텃밭에 준다.

그래서 우리 소비생활이 윤리적 선택으로 아롱아롱 빛날까? 어림없다.

먹고 사는 이상 매주 생기는 쓰레기는 줄지 않는다. 습관이 되어 무작정 버리지 못하고 모을 뿐이다. 슈퍼마켓 진열대 앞에 서서 상품 하나하나 뒷조사하지도 않는다. 가나의 카카오 농부에게 티끌만큼도 도움 안 될 초콜릿 아이스크림이지만, 코코넛 우유로 만들었다는 문구 하나에 만족해 카트에 담는다. 멕시코에서 '녹색 황금'이라는 별칭으로 마약밀매 조직을 살찌우고, 그 치솟는 인기 때문에 아마존 열대우림까지 밀고 키운다는 아보카도를 포기하지 못했다. 마음 불편한 것쯤은 습관과 편리함을 이기지 못한다.

우리 삶은 차고 넘친다. 불편하거나 싫증 나서 그렇지 평생 입어도 남을 만한 옷이 쌓여 있다. 마당 있는 집을 구하고 정착이라는 단어를 입에 올리며 차곡차곡 채운다. 견물생심이 인간 본성이려니 해도 다음 이사를 생각하면 내가 가진 것의 부피와 무게가 두렵다.

지구 생태 발자국 네트워크Global Footprint Network는 '지구 생태 용량 초과의 날Earth Overshoot Day'을 매년 발표한다. 이날은 인간이 자연에 남기는 영향(자원 소비와 폐기물 배출 등)을 지구의 재생산 능력과 비교해 도출한다. 2021년 지구 생태 용량

초과의 날은 7월 29일이다.[46] 그 후 우리가 쓰는 모든 자원은 미래 세대에 갚지 못할 빚이다.

물론 모든 지구인이 공평하게 자원을 소비하지 않는다. 더 개발된 나라일수록 그리고 개인의 소비가 클수록 자원 씀씀이도 크다. 세계인 모두가 미국인처럼 산다면 지구 다섯 개가 필요하고, 한국인처럼 산다면 지구는 네 개쯤 더 있어야 한다. 그리고 현재 한국 땅에서 한국인들이 사는 방식을 유지하려면 남한 땅의 7배 되는 면적이 필요하다.[47] 우리는 우리가 쓰는 자연 자원의 상당 부분을 다른 지역에 기대거나 후손의 몫을 빼앗아 쓰고 있다.

그나마 크고 작은 사고들이 경각심을 일깨운다. 대양 한가운데 생긴 쓰레기 섬, 미세 플라스틱과 해양 오염, 선박 사고와 기름 유출, 지진과 원자력발전소 사고, 화석 연료 의존과 대기 오염, 산불과 짙은 연무, 갑작스러운 가뭄과 홍수, 폭염, 밀집 사육과 구제역, 조류 인플루엔자를 비롯한 세계적인 유행병. 이런 일을 직간접적으로 겪을 때면 내가 먹는 음식과 입는 옷, 내가 일주일 동안 만든 쓰레기를 돌아보게 된다. 낚싯줄로 몸을 칭칭 감은 물개나 비닐봉지로 배를 채우고 죽은 고래 사진을 보면 무력감을 느끼는 동시에 이 무고한 이들을 위해 내가 뭘 할 수 있을까 생각한다.

지구에서 티끌만 한 내가 이렇게 용쓴다고 뭐가 쉽게 바뀔 리 없다. 하지만 인류가 끼치는 피해의 규모에 놀라서 낙담할 수만은 없다. 나는 내가 할 수 있는 일을 한다. 바꿀 수 있는 소비 습관을 고친다. 캘리포니아의 아몬드 나무가 지하수를 빨아들이고 벌을 위협한다는데 아몬드 우유를 고집할 수 없다. 내 변심이 캘리포니아 주민의 우물 사정에 전혀 영향을 주지 못해도, 우리 집 뒤뜰에서 제 할 일하는 벌들 볼 면목은 있지 않겠나.

번거롭고 미련해 보이고 완벽하지 않지만 우리는 이렇게 산다. 아껴 쓰고 나눠 쓰고 바꿔 쓰고 다시 쓰는 습관을 들이며 그렇게 계속 용써볼 테다.

책을 쓰고 만드는 데 조언 주신
김성희 김수영 오지영 옥나영 이수로 전유찬 허서윤
그리고 Scott 님께 깊이 감사드립니다.

얼굴 게재를 허락한 모델 도미노에게
특별한 감사와 사랑을 전합니다.

이국적 음식과 음식 재료

가스파초 gazpacho 토마토/오이/마늘 등으로 만든 차가운 수프. 78쪽.

계피 cinnamon 팬케이크나 각종 제과제빵, 짜이를 비롯한 차류에 맛과 향을 더한다. 35/105/156쪽.

고수 coriander 독특한 향을 가진 식물로서 중국, 동남아시아, 남아시아, 아랍, 멕시코 요리에 널리 쓴다. 잎은 실란트로cilantro라고 부르는데, 샐러드나 볶음 요리에 고명으로 올려 맛을 살린다. 씨앗은 가루를 내어 카레나 볶음 요리 등에 쓰고, 피클을 만들 땐 씨앗을 그대로 넣기도 한다. 88쪽.

과카몰레 guacamole 아보카도/양파/고수/라임즙/할라페뇨 등으로 만든 멕시코 소스.

땅콩버터 peanut butter 버터처럼 곱게 간 땅콩 식품. 간장/마늘/라임즙을 섞어 만든 땅콩 소스는 쌀국수나 월남쌈과 어울려 먹는다. 미국인들이 출출함을 달랠 때 먹는 간단한 음식 중, 식빵에 땅콩버터와 잼류를 바른 샌드위치peanut butter and jelly sandwich가 있다. 또는 셀러리에 땅콩버터를 바르고 그 위에 건포도를 듬성듬성 올려(Ants on a log라고 부름) 간식으로 즐기기도 한다. 땅콩버터는 그 자체로 달고 고소하면서 든든하니, 간식 대용으로 한두 숟갈 떠먹어도 좋다. 시판 제품 중에는 소금을 넣어 짠맛이 강한 제품도 있으니 주의한다. 46/47쪽.

딜 dill 독특한 향을 가진 식물로 청어나 연어 같은 생선 요리에 많이 쓴다. 비트 수프인 바르슈츠에 빠지지 않는 고명이 딜 잎이고, 피클에 향을 더하기 위해 딜 씨앗을 넣기도 한다. 53/70쪽.

미트로프 meatloaf 간 고기에 여러 양념을 추가해 납작한 식빵처럼 모양을 잡아 굽거나 훈제한 요리. 채소로만 만들면 베지 로프veggie loaf가 된다. 52~53쪽.

바르슈츠 barszcz/borscht 동유럽과 러시아 등지에서 즐겨 먹는 비트 수프. 비트 뿌리를 기본 재료로 하고, 여기에 각종 채소와 고기, 혹은 육수를 더한다. 삶은 달걀/사워크림/피에로기/빵 등과 어울려 먹는다. 73/78쪽.

바클라바 baklava 터키와 그리스, 발칸 등지에서 즐겨 먹는 페이스트리. 아주 얇은 밀가루 반죽을 겹겹이 쌓아서 바삭하고, 견과/꿀/시럽을 채워 넣어 달콤하다. 97쪽.

벌거 bulgur 살짝 데친 밀을 잘게 부순 것으로 파스타 삶듯이 끓여서 요리에 쓴다. 샐러드에 넣으면 자잘한 밀 알갱이들이 채소와 섞여 보기 좋고 식욕도 당긴다. 아랍과 지중해 지역 요리에 많이 쓴다. 114쪽.

병아리콩 병아리콩은 영어로 칙피chickpea 또는 이집트 콩Egyptian pea이라고 하며, 인도에서는 그람gram, 멕시코와 스페인어 영향이 있는 미국에서는 가반조garbanzo라고 부르기도 한다. 콩 모양은 부리가 튀어나온 병아리 머리와 닮았고, 종류는 누런색 외에 초록색과 검은색도 있다. 날것은 그대로 먹을 수 있고, 말린 콩은 삶거나 튀기고 볶아서 먹거나 가루로 만들어 다양한 요리에 활용한다. 33/46/58/84~89쪽.

부리토 burrito 밥/콩/채소/치즈/고기/살사/과카몰레/사워크림 등을 토르티야로 감싼 멕시코 음식. 44쪽.

살사 salsa 멕시코에서 즐겨 먹는 소스류를 뜻함. 토마토/양파/마늘/고추/고수 등으로 만든 '빨간 소스salsa roja'가 대표적이다.

서양고추냉이 horseradish 코가 찡할 만큼 매운맛을 가진 뿌리채소. 곱게 갈아서 삶은 감자나 고기 요리에 곁들여 먹는다.

아루굴라 arugula/rucola/rocket 쌉쌀한 맛에 독특한 향이 있어 샐러드나 파스타, 피자 등에 고명으로 올려 먹는다. 십자 모양의 하얀 꽃을 피우는데, 꽃이 핀 뒤에는 잎이 매워진다. 한창 꽃이 피고 진 뒤에 무성한 잎을 갈무리해 말린 다음 가루를 내어 양념으로 써도 좋다. 160/166/177쪽.

아마인 flaxseed 아마 씨앗. 볶아서 가루를 내어 다양한 요리에 뿌려 먹는다. 한식에는 참깨나 들깨 대신 쓸 수 있다. 아마인의 엉기는 성질은 제과제빵에서 달걀 역할을 한다. 달걀 1개 대신 아마인 가루 1큰술과 물 3큰술을 섞어서 5분 정도 두었다가 사용한다. 34/53/147/177쪽.

애플소스 apple sauce 사과를 익혀 만든 소스. 설탕/레몬즙/계피/올스파이스 등을 첨가하기도 한다. 케이크나 브라우니 같은 디저트류를 만들 때 넣으면 촉촉한 질감을 낼 수 있다. 34쪽.

영양 효모 nutritional yeast 영양 효모는 맥주나 포도주, 빵을 만드는 데 쓰는 것과 비슷한 효모로 만든다. 먼저 이 효모에 포도당이나 당밀 같은 먹이를 주고 며칠간 키운 다음, 열을 가하고 말려서 비활성 상태로 만든다. 영양 효모는 활성 효모와 달리 성질이 변하지 않으면서 치즈의 발효 향과 맛을 내기 때문에 요리에 쓰기 좋다. 색깔은 노란색을 띠며 얇고 납작하게 누른 부스러기 형태로 판다. 맛은 짭짤하고 달착지근하면서 감칠맛이 난다. 감자 샐러드나 각종 걸쭉한 소스에 사용하고, 피자와 팝콘에 토핑으로 올려 먹기도 한다. 참고로 영양 효모는 비타민 B군 함량이 높고 단백질과 칼슘, 철분을 공급한다. 33~35/39~41쪽.

오트밀 oatmeal 가열 처리한 귀리를 납작하게 누르거나 잘게 쪼개 파는 식품. 또는 그 식품에 물을 넣고 끓인 간단한 식사를 일컫는다. 46/53/59/132/134쪽.

올스파이스 allspice 중앙아메리카가 원산인 나무의 열매로 만든 향신료. 계피/정향/후추/육두구 등의 맛이 난다고 하여 올스파이스라는 이름이 붙여졌다. 카리브해 지역과 멕시코, 아랍 음식에 많이 쓰며 디저트류에도 이용한다. 35/61/105쪽.

육두구 nutmeg 육두구 나무의 씨앗에서 얻은 향신료로 인도네시아에서 많이 생산한다. 씨앗을 감싼 붉은 껍질로 만든 향신료는 메이스mace라고 부른다. 육두구는 톡 쏘는 향이 있고, 달콤쌉쌀한 맛을 내 감자 요리나 육류/호박파이/라이스푸딩/에그노그 등 각종 요리와 제과제빵에 쓴다. 35쪽.

정향 clove 인도네시아 말루쿠 제도가 원산인 정향나무의 꽃봉오리로 만든 향신료. 살짝 달면서 씁쓸하고 톡 쏘는 맛이 있으며 향이 강하다. 계피/큐민/육두구 등 다른 향신료와 잘 어울린다. 정향은 육류 요리에 맛을 더하기 위해 쓰고 카레 요리에도 빠지지 않으며, 호박파이나 추울 때 마시는 차 등 디저트류에도 넣는다. 살균, 방부, 진통 효과가 있어 약재로도 사용한다. 105쪽.

쥬렉 żurek 호밀을 발효한 액체zakwas로 만든 시큼하고 걸쭉한 수프. 감자/소시지/삶은 달걀 등을 넣어 끓이고, 국수나 빵과 곁들여 먹는다. 72/79/95쪽.

차이/짜이 chai/masala chai 계피/생강/카다멈/육두구 등을 우유와 함께 우려 만든 인도식 홍차. 104~105쪽.

치아 씨 chia seed 중남부 멕시코가 원산인 씨앗. 크기는 2mm 정도로 매우 작고 흰색과 검은색이 섞여 회색빛을 띤다. 물에 넣으면 자기 무게의 열 배 이상 액체를 흡수해 끈적한 막을 두른다. 이런 특성을 살려 제과제빵에서는 치아 씨앗 1큰술과 물 3큰술을 섞어서 달걀 1개 대신 쓸 수 있다. 치아 씨를 음료에 넣어 시선을 끌기도 한다. 75쪽.

카다멈 cardamom 생강과의 관목 씨앗을 말린 향신료인데 다른 것으로 대체하기 어려운 특유의 강한 향이 있다. 남아시아 음식에 많이 쓰며 북유럽식 빵이나 아랍식 음료에 넣어 맛과 향을 낸다. 보통 가루로 쓰거나 씨앗을 담은 꼬투리를 으깨어 쓴다. 104~105쪽.

카옌페퍼 cayenne pepper 매운맛이 강하고 고운 고춧가루. 고추장용 고춧가루보다 발색이 약하지만 더 맵다. 152쪽.

케사디야 quesadilla 토르티야에 치즈를 발라 반으로 접어 구운 멕시코 요리. 간 고기나 채소, 향신료 등을 추가하기도 한다. 40쪽.

콜라드 그린 collard greens 케일보다 넓고 크게 생긴 잎채소로, 수프/스튜/볶음 요리 등에 쓴다. 58/60~61쪽.

퀴노아 quinoa 쌉쌀하면서 톡톡 씹히는 맛을 가진 좁쌀처럼 생긴 곡물. 누런색, 붉은색, 검은색 등 다양한데, 삶아서 샐러드에 섞어 먹거나 채소 패티에 넣고, 오트밀을 만들 때 함께 넣어 끓여 먹는다. 맛 좋고 영양가도 높아 쿠키나 강정 등에 활용할 수 있다. 46/114/134쪽.

큐민 cumin 파슬리나 당근, 딜처럼 작은 꽃들을 우산 모양으로 피우는 식물이다. 약간 쌉쌀하면서 매운맛이 있고 특유의 향을 지녀 음식 맛을 돋우는 데 쓴다. 인도 카레, 아랍 요리, 멕시코 요리 등에 널리 쓴다. 39/53/61/85/87/88/115/122쪽.

타불레 tabbouleh 잘게 다진 토마토/양파/오이/파슬리에 벌거/올리브유/레몬즙을 섞어 만든 샐러드. 84/85/97/114쪽.

타히니 tahini 참깨를 곱게 간 페이스트로 지중해 연안과 중동 지역에서 소스로 활용한다. 시중에 파는 타히니는 그냥 먹기에 꽤 되다. 물/레몬즙/마늘/소금 등을 섞어 묽게 만들어 빵/버거/샐러드/팔라펠/샌드위치/토르티야 랩 등과 어울려 먹는다. 38/39/59/84쪽.

템페 tempeh 삶은 대두를 섭씨 30도에서 이삼일 발효한 인도네시아 음식. 튀겨서 그대로 먹거나 볶음 요리에 쓰고, 양념에 절였다가 지져 먹기도 한다. 44/46/58/63쪽.

토르티야 tortilla 옥수숫가루나 밀가루 반죽을 얇게 구운 멕시코의 기본 빵. 타코/부리토/케사디야/토르티야 칩 등을 만든다. 40/85~87/114쪽.

팔라펠 falafel 누에콩이나 병아리콩을 마늘/양파/큐민/파슬리 등과 갈아서 튀긴 중동 음식. 33/44/84~87/90쪽.

풀 ful/ful medames/foul mudammas 으깬 누에콩에 마늘/레몬/큐민/올리브유 등을 섞어 만든 스프레드. 87쪽.

피에로기 pierogi 폴란드식 만두. 한국 만두와 달리 피가 두껍고 한두 가지 재료만으로 속을 채운다. 재료 조합을 예로 들면, 감자/양파, 버섯/사우어크라우트, 시금치/치즈, 다진 고기 등이 있고, 블루베리/체리/초콜릿으로 맛을 낸 달콤한 피에로기도 있다. 피에로기는 보통 끓인 다음 기름을 넉넉히 붓고 굽는다. 여기에 사워크림/양배추 절임/과일 소스/오랫동안 졸인 양파 등을 곁들여 먹는다. 73쪽.

피타 pita 밀가루/이스트/소금/물로 만든 담백하고 납작한 빵. 지중해 연안과 중동 지역에서 즐겨 먹는다. 85/87/90쪽.

한천 agar 우뭇가사리과의 해초를 삶아서 얻은 우무를 건조한 가공식품. 응고하는 성질이 강해서 잼/단팥묵/아이스크림 등을 만들 때 쓴다. 39/40쪽.

허무스 hummus 삶은 병아리콩/마늘/레몬즙/타히니 등을 곱게 갈아서 요리에 곁들여 먹는 중동 음식. 44/86/87쪽.

미주

1 기록영화 〈카우스피라시 Cowspiracy〉(2014)와 Cowspiracy 누리집(https://www.cowspiracy.com/facts) 참고.

2 와타나베 이타루, 정문주 역, 『시골빵집에서 자본론을 굽다』, 더숲, 2014, 232쪽.

3 이의철, 『조금씩, 천천히, 자연식물식』, 대원씨아이(주), 2021, 114~124쪽.

4 Reed Mangels, 'Protein in the Vegan Diet', The Vegetarian Resource Group. (vrg.org/nutrition/)

5 '채식하면 콩을 반드시 챙겨 먹어야 한다?', 황성수힐링스쿨. (healing school.kr)

6 기록영화 〈몸을 죽이는 자본의 밥상 What The Health〉, 2017.

7 '자연식물식을 하면 단백질이 부족할 수 있다는 또 그 얘기', 황성수힐링스쿨. (healingschool.kr)

8 'Bycatch-A Sad Topic', 세계자연기금 WWF. https://www.fishforward.eu/en/project/by-catch/

9 'The Most Dangerous Single Source of Ocean Plastic No One Wants to Talk About', 2019.8.22., Sea Shepherd. (seashepherdglobal.org)

10 호프 자런 지음, 김은령 옮김, 『나는 풍요로웠고, 지구는 달라졌다』, 김영사, 2020. 2부 물고기 잡기 참고.

11 기록영화 〈씨스피라시 Seaspiracy〉, 2021.

12 John Roach, 'Seafood May Be Gone by 2048, Study Says', National Geographic, 2006.11.2.. (nationalgeographic.com)

13 이의철, 앞의 책, 290~292쪽.

14 이의철, 앞의 책, 302~305쪽.

15 다음 네 곳을 참고했다.
The Vegetarian Resource Group (vrg.org/nutrition/), University of Rochester Medical Center Rochester (urmc.rochester.edu/encyclopedia), 미국 농무부 자료 (USDA Nutrient Database), 위키피디아 Wikipedia.

16 곽충실, 황진용, 와다나베 후미오, 박상철, 「한국의 장류, 김치 및 식용 해조류를 중심으로 하는 일부 상용 식품의 비타민 함량 분석 연구」, 한국영양학회지 2008; 41(5) 439~447.

17 곽충실 외, 앞의 논문.

18 이의철, 앞의 책, 297~301쪽.

19 '비타민 B12의 진실', VegeDoctor. (vegedoctor.org)

20 '[채식의 배신에 대한 반론] 완전채식(비건채식)을 하면 비타민 B12가 부족해진다?', '[30문 30답] 질문11. 채식하면 비타민 B12가 결핍된다는데, 정말인가요?', 황성수힐링스쿨. (healingschool.kr)

21 이광조, 『역사 속의 채식인_피타고라스에서 뉴턴까지』, ㈜살림출판사, 2008년.

22 제레미 리프킨, 신현승 옮김, 『육식의 종말』, 시공사, 2002, 312쪽.

23 제레미 리프킨, 앞의 책, 313쪽.

24 제레미 리프킨, 앞의 책, 311~327쪽.

25 오랜 B. 헤스터먼, 우석영 옮김, 『페어 푸드』, 도서출판 따비, 2013, 69~70쪽.

26 'Food desert', Wikipedia.

27 김재현, 『왜 종자가 문제일까?』, 반니, 2020, 65~67쪽.
그 밖에 『씨앗을 부탁해』(김은식), 『이 세계의 식탁을 차리는 이는 누구인가』(반다나 시바)에서도 깊이 있고 흥미로운 씨앗 이야기를 만날 수 있다.

28 김재현, 앞의 책, 63, 99쪽.

29 김재현, 앞의 책, 64쪽.

30 장 지글러, 유영미 옮김, 『왜 세계의 절반은 굶주리는가?』, 갈라파고스, 2007.

31 John Roach, 'To feed 4 billion more, skip meat, milk and eggs, study says', NBC News, 2013.8.5., 재인용. (nbcnews.com)

32 California Agricultural Production Statistics, CDFA. https://www.cdfa.ca.gov/Statistics/

33 Agriculture in California, Wikipedia.

34 한살림 누리집 (shop.hansalim.or.kr)

35 강선일, '인증 중심 친환경농정, 생협 생산자-소비자 관계도 왜곡', 한국농정,

2018.12.16.. (ikpnews.net)

36 Anna Kramer, 'These 10 companies make a lot of the food we buy. Here's how we made them better'. Oxfam, 2014.12.10.. (oxfamamerica.org)

37 애니 레너드, 김승진 옮김, 『너무 늦기 전에 알아야 할 물건 이야기』, 김영사, 2011년, 24쪽.

38 sustainyourstyle.org, trustedclothes.com, goodonyou.eco, Wikipedia, 한국민족문화대백과사전, 두산백과 참고.

39 'Global Synthetic Fibers Industry Factsheet 2020: Top 10 Synthetic Fiber Manufacturers in the World', by BizVibe. (bizvibe.com)

40 'The Story of Microfibers', The Story of Stuff Project. https://youtu.be/BqkekY5t7KY

41 애니 레너드, 앞의 책, 101쪽 재인용.

42 루스 스타일스, 정수진 옮김, 『에콜로지스트 가이드 패션』, 도서출판 가지, 2015년, 16~23쪽.

43 'The Impact of a Cotton T-Shirt'. WWF, 2013.1.16.. (worldwildlife.org)

44 '옷을 재활용하기가 어려운 까닭', BBC News 코리아, 2020.7.19.. (bbc.com/korean)

45 Lilly Sedaghat, '7 Things you didn't know about plastic (and recycling)', National Geographic Society Newsroom, 2018.4.4.. (blog.nationalgeographic.org)

46 Earth Overshoot Day. https://www.overshootday.org/about/

47 참고로 한국은 2021년 우리에게 주어진 자연 자원을 4월 5일까지 다 써버렸다. 4월 6일부터 쓰는 자원은 미래 세대의 몫에서 온다. Country Overshoot Days, Earth Overshoot Day. (overshootday.org)

※ **기타 참고 자료** 위키피디아 두산백과 네이버 국어/영어사전

플렉시테리언 다이어리

1판 1쇄 인쇄 2021년 10월 20일
1판 1쇄 발행 2021년 10월 25일

지은이   장우혜
펴낸이   장보혜

편집   장우혜
디자인   장우혜

펴낸곳   도서출판 야호
주소   서울시 강남구 광평로51길 22, 101-504
연락처   yaaho.books@gmail.com
등록   제2018-097호
등록일   2018년 4월 3일

ⓒ 장우혜 2021. Printed in Seoul, South Korea

ISBN   979-11-963626-1-4 (13810)